中国金融稳定报告

China Financial Stability Report

2017

中国人民银行金融稳定分析小组

中国金融出版社

中国人民银行金融稳定分析小组

组　长：范一飞

成　员（以姓氏笔画为序）：

万存知　王玉玲　刘向民　朱　隽
纪志宏　阮健弘　余文建　李　波
杨伟中　邵伏军　陆　磊　姚　前
徐　忠　谢　众

《中国金融稳定报告2017》指导小组

史耀斌　范一飞　王兆星　姜　洋
陈文辉

《中国金融稳定报告2017》编写组

总　纂：陆　磊　匡小红　黄晓龙　陶　玲

统　稿：匡小红　黄晓龙　张甜甜

执　笔：第一章：刘　通　白雪飞　王一飞　赵亚琪

第二章：孙寅浩　马志扬　付竞卉　周轶海　胡　婧　谷仕平　单漫与　王　磊　刘　珂

第三章：陈建新　赵　民　赵冰喆　丁洪涛　楼　丹　洪　波　王文静

第四章：孟　辉　李敏波　许　玥　莫依依　吴颖骁

第五章：王少群　陈　敏　刘　浏

第六章：孟　辉　李敏波　许　玥　莫依依　吴颖骁　宋玮玮　李建云　李昕阳　孙　丹

第七章：孙寅浩　董　进　谭静蕙　许开颜　刘诗颖　熊陈楚　夏伟亮　汪天都　佟岳男

第八章：刘　通　赵冰喆　刘　浏　胡　平　任秋宇　欧阳熙鹏　徐　伟　杨　骏　徐　昕

专题一：谢　丹　刘　婕　胡　平　任秋宇　李　岩

专题二：欧阳昌民　孙　彬　张　弯

附　录：刘　通　赵朋飞　王旭涛　刘　浏　莫依依　吴颖骁

其他参与写作人员（以姓氏笔画为序）：

于明星　马军伟　王大波　王有鑫　王尊州　任　笛　刘向东　刘　倩　孙　浩　孙　莎　张晓蕾　陈吉勇　季　军　郑　珩　祝春光　唐　滔　郭大勇　熊启跃

综　述

2016年，世界经济缓慢复苏，发达经济体面临一系列政治、经济挑战，新兴市场经济体有所企稳，但仍面临调整与转型压力。我国坚持稳中求进的工作总基调，国民经济运行缓中趋稳、稳中向好，金融业改革不断深化，金融市场平稳运行，金融机构整体稳健，金融基础设施建设取得新的进展，宏观审慎政策框架不断完善，实现了“十三五”良好开局。

金融业稳步发展。银行业资产负债规模保持增长，对经济转型升级的支持力度不断加大，对薄弱领域的金融服务水平日趋提升，开发性金融机构、政策性银行、大型商业银行改革持续推进，银行业资产质量下行压力趋缓，信用风险总体可控。证券期货业市场主体稳健发展，监管力度不断加强，基础性制度建设进一步完善。保险业总体呈现较快发展态势，资产规模不断扩大，保费收入快速增长，改革深入推进，服务社会能力增强。

金融市场稳健运行。市场规模继续扩大，参与主体进一步丰富，市场制度建设扎实推进，对外开放取得显著进展。货币市场交易规模再创历史新高，利率弹性有所增大，与经济基本面及市场变化相匹配，利率中枢有所上升。外汇市场成交持续活跃，人民币对外币挂牌币种增加。债券市场现券成交量同比大幅增长，收益率整体上行。股票市场在年初大幅波动后企稳，成交活跃度明显降低。期货成交量快速增长，商品期货价格大幅上涨，金融期货价格走势较为平稳。

金融基础设施建设取得新的进展。支付、清算和结算体系不断完善，一系列重要规范性文件发布。金融法律法规不断健全，强化国家及公共安全，进一步推进简政放权。会计标准建设继续推进，规划会计改革与发展、加强政府会计准则体系建设。征信市场发展和社会信用体系建设持续推进，征信系统覆盖面不断扩大。反洗钱工作水平持续提升，金融行动特别工作组（FATF）第四轮反洗钱互评估工作稳步推进。金融消费权益保护工作成效显著，金融服务水平全面提高。

宏观审慎政策框架继续完善。金融监管协调部际联席会议继续深入推进金融监管政策、措施、行动的统筹协调，不断增强金融监管合力和有效性。系统性风险监测评估不断加强，全球系统重要性金融机构处置机制继续完善。宏观审慎评估体系（MPA）有效运行，外汇流动和跨境资金流动宏观审慎政策框架不断完善。房地产市场的逆周期调节进一步强化，因城施策的差别化住房信贷政策效果初步显现。

当前我国经济社会保持平稳健康发展，经济形势缓中趋稳、稳中向好，经济运行保持在合理区间，质量和效益提高，经济结构继续优化，改革开放取得新突破。但国际国内经济金融形势依然复杂严峻，存在不少突出矛盾和问题。从国际看，世界经济仍处于缓慢复苏进程中，全球保护主义、逆全球化、民粹主义抬头，复杂性、不稳定性、不确定性进一步凸显，可能出现更多“黑天鹅”事件。从国内看，经济金融稳定运行的基础还不牢固，经济下行压力依然较大，区域和行业走势持续分化，挑战和风险不容低估。非金融企业杠杆率高企，商业银行不良贷款余额和不良率“双升”，一些地方政府变相举债存在隐患，热点城市高房价和部分三、四线城市高库存并存，金融产品创新无序发展等风险值得关注。

我国经济运行面临的突出矛盾和问题，虽然有周期性、总量性因素，但根源是重大结构性失衡，导致经济循环不畅，必须从供给侧结构性改革上想办法，努力实现供求关系新的动态均衡。2017年是实施“十三五”规划的重要一年，是供给侧结构性改革的深化之年。要全面贯彻党的十八大和十八届三中、四中、五中、六中全会精神，统筹推进“五位一体”总体布局和协调推进“四个全面”战略布局，坚持稳中求进工作总基调，牢固树立和贯彻落实新发展理念，适应把握引领经济发展新常态，坚持以提高发展质量和效益为中心，坚持宏观政策要稳、产业政策要准、微观政策要活、改革政策要实、社会政策要托底的政策思路，坚持以推进供给侧结构性改革为主线，适度扩大总需求，加强预期引导，深化创新驱动，全面做好稳增长、促改革、调结构、惠民生、防风险各项工作，促进经济平稳健康发展和社会和谐稳定。要实施好稳健中性的货币政策，保持流动性合理适度、基本稳定，为实体经济发展营造良好的货币金融环境。继续深化金融改革，完善金融机构公司治理，强化审慎合规经营理念，推动金融机构切实承担起风险管理责任。建立多层次资本市场体系，完善市场运行规则，健全市场化、法治化违约处置机制。提高和改进监管能力，强化金融监管协调，统筹监管系统重要性金融机构，统筹监管金融控股公司和重要金融基础设施，统筹负责金融业综合统计，推动建立更为规范的资产管理产品标准规制，形成金融发展和监管强大合力，补齐监管短板，避免监管空白。要把防控金融风险放到更加重要的位置，加强系统性风险监测与评估，下决心处置一批风险点，完善存款保险制度功能，探索金融机构风险市场化处置机制，确保不发生系统性金融风险。

目 录

专题

专栏

第一章

国际经济金融环境

2016年，世界经济仍缓慢复苏，主要经济体增长态势和货币政策持续分化，经济政治社会领域"黑天鹅"事件频现，民粹主义、逆全球化、贸易及投资保护主义抬头，地缘政治不确定性上升。展望2017年，世界经济复苏可能仍受诸多不稳定因素和黑天鹅事件影响，各经济体需积极制定预案应对不利冲击，实现经济平稳增长。

一、主要经济体经济形势

2016年，世界经济仍处于缓慢复苏进程中，增长动能不足。美国经济持续复苏，欧元区经济出现好转迹象，日本经济复苏仍较缓慢且缺少政策空间，新兴市场经济体有所企稳但仍面临调整与转型压力。

美国经济继续复苏。2016年美国经济上半年表现欠佳，第三季度逐渐企稳恢复，但受上半年拖累全年GDP增速为1.6%，较2015年2.5%的增速有所下滑。通胀水平略有上行，2016年9月以来通胀率持续保持在1.5%以上。劳动力市场状况继续改善，11月失业率降至4.6%，为2007年8月以来最低，但新增非农就业等部分短期数据仍有一定波动。

欧元区经济略有改善。受内需和出口疲软影响，2016年欧元区经济增长1.7%，增速较2015年有所下滑，但复苏势头较2015年下半年有所好转。通缩压力持续缓解，12月综合消费者物价指数（HICP）同比增长1.1%，创2013年9月以来新高。劳动力市场出现改善，12月失业率降至9.6%，为2009年5月以来最低。但欧元区产出缺口依然明显，难民问题和银行业风险也为持续复苏蒙上阴影。

日本经济复苏动力不足。近年推出的一系列宽松刺激措施成效并不明显，2016年经济增长1%。CPI在年中连续6个月处于负区间，通缩压力较大。劳动力市场相对稳定，但家庭消费持续负增长，出口与投资仍较低迷（见表1–1）。

表1–1　　主要发达经济体宏观经济金融指标

国别	指标	2016年第一季度			2016年第二季度			2016年第三季度			2016年第四季度		
		1月	2月	3月	4月	5月	6月	7月	8月	9月	10月	11月	12月
美国	实际GDP增速（环比折年率，%）		0.8			1.4			3.5			1.9	
	失业率（季调，%）	4.9	4.9	5	5	4.7	4.9	4.9	4.9	4.9	4.8	4.6	4.7
	CPI（同比，%）	1.4	1	0.9	1.1	1	1	0.9	1.1	1.5	1.6	1.7	2.1
	DJ工业平均指数（期末）	16 466	16 516	17 685	17 774	17 787	17 930	18 432	18 401	18 308	18 161	19 124	19 763

续表

国别	指标	2016年第一季度			2016年第二季度			2016年第三季度			2016年第四季度		
		1月	2月	3月	4月	5月	6月	7月	8月	9月	10月	11月	12月
欧元区	实际GDP增速（环比折年率，%）	1.7			1.6			1.8			1.7		
	失业率（季调，%）	10.4	10.3	10.2	10.2	10.1	10.1	10	10	9.9	9.8	9.8	9.6
	HICP综合物价指数（同比，%）	0.3	−0.2	0	−0.2	−0.1	0.1	0.2	0.2	0.4	0.5	0.6	1.1
	EURO STOXX 50（期末）	3 045	2 946	3 005	3 028	3 063	2 865	2 990	3 023	3 002	3 055	3 052	3 291
日本	实际GDP增速（环比折年率，%）	1.9			2.2			1.2			1.2		
	失业率（季调，%）	3.2	3.3	3.2	3.2	3.2	3.1	3	3.1	3	3	3.1	3.1
	CPI（同比，%）	−0.1	0.2	0	−0.3	−0.5	−0.4	−0.4	−0.5	−0.5	0.1	0.5	0.3
	日经225指数（期末）	17 518	16 086	16 759	16 666	17 235	15 576	16 569	16 887	16 450	17 425	18 308	19 114

数据来源：各经济体相关统计部门及中央银行。

新兴市场和发展中经济体经济增速企稳。根据国际货币基金组织（IMF）统计，2016年主要新兴市场和发展中经济体GDP增长4.1%，与2015年持平，仍是世界经济复苏的主要动力。其中，印度经济保持快速增长，2016年全年GDP增长7.1%，但仍面临银行坏账率高、私人投资疲软、产能利用率低等挑战；随着石油等大宗商品价格回升，俄罗斯经济逐步企稳，巴西经济衰退幅度有所收窄，通胀也得到一定控制。但在全球总需求增长缓慢和美元汇率走强的背景下，部分新兴市场经济体仍面临外需疲弱与跨境资本波动等潜在风险，存在经济调整与转型压力。

二、国际金融市场形势

2016年，受经济复苏态势和地缘政治等因素影响，美元指数持续走强，全球主要经济体国债收益率和货币市场利率走势分化，股市和大宗商品市场回暖。

美元指数持续走强。截至2016年末，美元指数为102.38，较上年末上涨3.74%。受避险及套利因素影响，日元对美元汇率为116.87日元/美元，较上年末升值2.93%。除日本外，主要发达经济体货币对美元汇率出现不同程度贬值。欧元对美元汇率为1.05美元/欧元，较上年末贬值3.2%；英镑对美元汇率为1.23英镑/美元，较上年末贬值16.30%。新兴市场经济体方面，俄罗斯卢布、巴西雷亚尔和南非兰特对美元汇率较上年末分别升值19.08%、21.7%与12.60%；印度卢比、墨西哥比索和土耳其里拉分别贬值2.57%、17.11%和17.30%（见图1-1）。

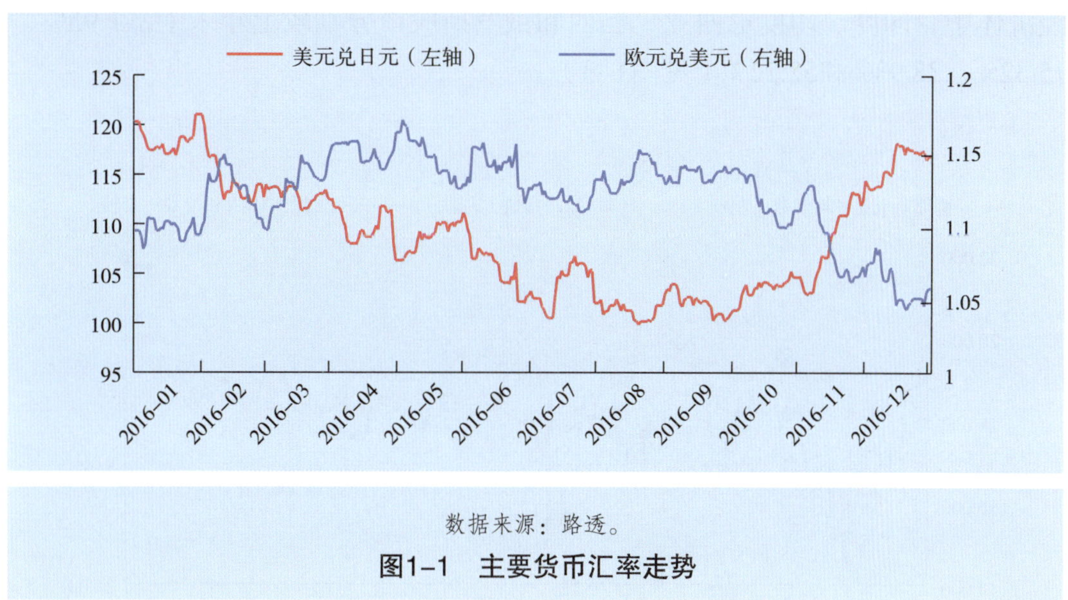

数据来源：路透。

图1-1　主要货币汇率走势

主要经济体国债收益率走势继续分化。发达经济体方面，截至2016年末，美国10年期国债收益率收于2.432%，较上年末上涨16个基点；德国、英国和日本10年期国债收益率分别收于0.207%、1.24%和0.049%，较上年末分别下降43个、72个和22个基点。新兴市场经济体方面，印度、俄罗斯和巴西10年期国债收益率较上年末分别下降124个、136个和503个基点；墨西哥、土耳其10年期国债收益率较上年末分别上升118个和62个基点（见图1-2）。

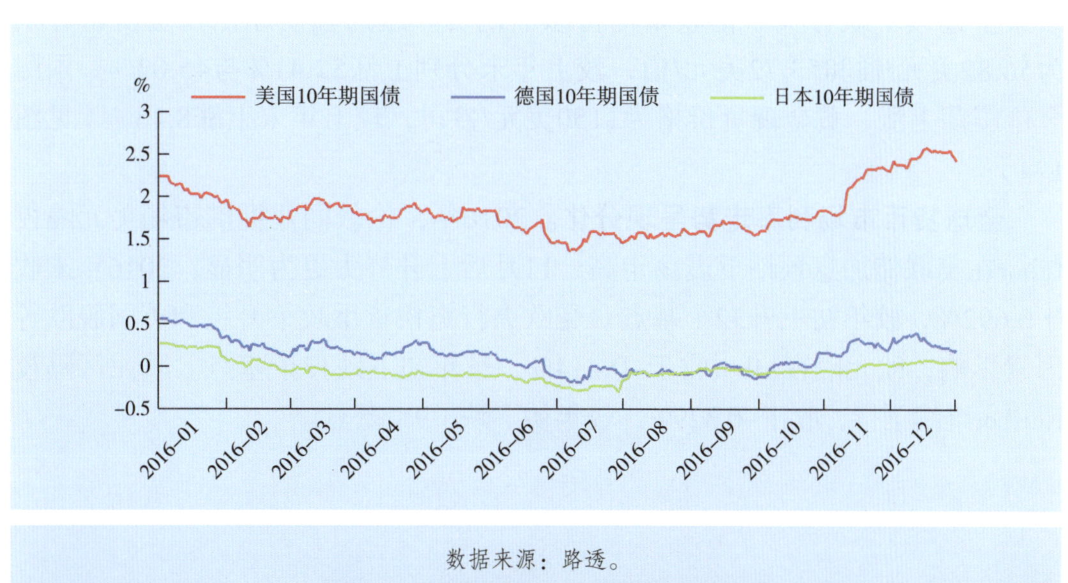

数据来源：路透。

图1-2　主要经济体国债收益率走势

主要经济体股市普遍回暖。截至2016年末，美国道琼斯工业平均指数、日本日经225指数、欧元区STOXX50指数、德国法兰克福DAX指数、英国富时100指数较上年末分别上涨了13.42%、0.42%、0.70%、6.87%和14.43%。新兴市场经济体中，印度、印度尼西亚、巴西和俄罗斯股市分别较上年末上涨1.95%、15.32%、38.93%和52.22%（见图1-3）。

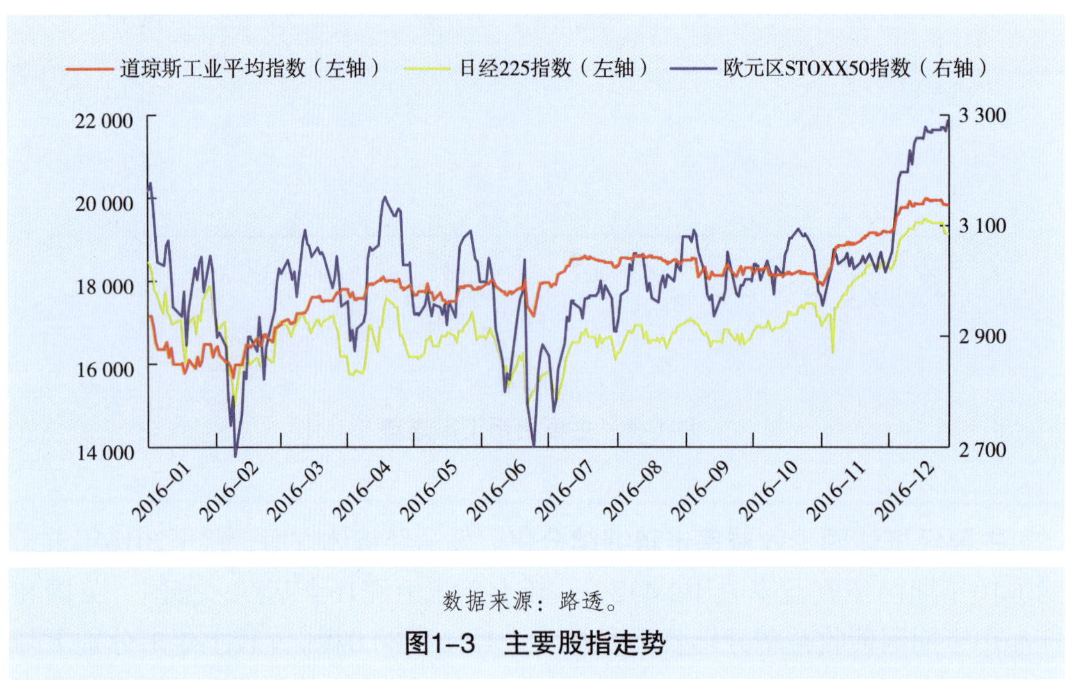

数据来源：路透。

图1-3 主要股指走势

国际主要大宗商品价格有所回升。截至2016年末，涵盖全球主要大宗商品的美国商品调查局（CRB）现货综合指数报收423.08，较上年末回升48.38，结束了连续下跌势头。伦敦布伦特原油期货和纽约轻质原油期货价格分别为56.82美元/桶和53.72美元/桶，较上年末分别上涨52.41%与45.03%。国际金价震荡上涨，黄金现货价格为1150美元/盎司，较上年末上涨8.46%（见图1-4）。

全球货币市场利率走势呈现分化。2016年，伦敦同业拆借市场美元隔夜Libor在美联储加息预期下震荡走高，11月后上升势头更为明显，2016年末收于0.692%，较年初上升32个基点。受欧央行宽松货币政策升级和英国脱欧等因素影响，欧元隔夜Libor收于-0.414%，较年初下跌13个基点。欧元区隔夜Euribor继续下行，收于-0.329%，较年初下跌了9个基点。

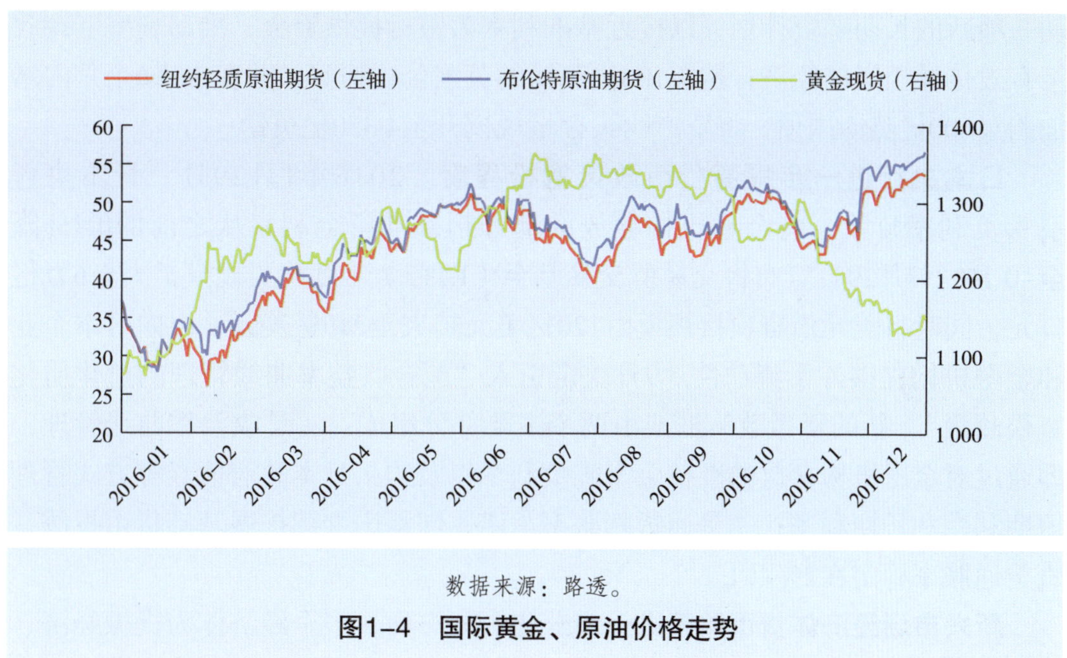

数据来源：路透。

图1-4　国际黄金、原油价格走势

三、主要经济体货币政策

2016年以来，受经济复苏情况不一以及政治局势变动等因素影响，主要发达经济体和部分新兴市场经济体货币政策进一步分化。

美联储提高政策利率。2016年12月14日，美联储宣布提高联邦基金利率目标区间25个基点至0.5%~0.75%，同时预计宏观经济复苏状态仍将使加息以渐进方式进行。美联储还上调了美国短期经济增长和通胀预期，市场预期2017年其加息次数将上调至三次。

欧央行加码宽松货币政策。2016年3月10日，欧央行将主要再融资操作利率、存款便利利率和边际贷款便利利率分别下调5个、10个和5个基点至0%、-0.4%和0.25%，同时自2016年4月起扩大月度资产购买规模至800亿欧元，将资产购买范围扩大至欧元区非银行公司发行的以欧元计价的投资级债券，并自6月22日起实施新一轮四年期定向长期再融资操作（TLTRO II）。2016年12月8日，欧央行决定维持利率不变，并宣布延长资产购买计划至2017年12月，其中到2017年3月继续每月购买800亿欧元资产，2017年4月至12月每月购买600亿欧元资产。

英格兰银行推行宽松货币政策。为应对公投脱欧的负面冲击，英格兰银行2016年8月3日宣布实施一揽子刺激计划：下调基准利率25个基点至0.25%；启动一项新的长期融资计划，以接近基准利率为银行提供资金，推动利率下调政策有效传导至实体经济；购买100亿英镑的英国公司债券，并在未来6个月内增加购买600亿英镑国债，将资产购买存量规模升至4 350亿英镑。

日本央行进一步提高货币政策宽松程度。2016年1月29日，日本央行引入负利率政策，将金融机构存放的部分超额准备金利率从之前的0.1%降至-0.1%。7月29日宣布将交易所交易基金（ETFs）年度购买规模扩大至6万亿日元，同时将美元借贷项目规模由120亿美元扩大至240亿美元，以向日本企业和金融机构提供外币流动性。9月决定引入“配合收益率曲线管理的量化质化宽松政策”，新的货币政策框架由两个主要部分组成：一是收益率曲线管理，即通过对金融机构存放的准备金实施负利率以及购买日本政府债券等方式管理短期利率和长期利率；二是通货膨胀率承诺，即承诺继续扩展基础货币投放，直至通胀率稳定在2%以上。

新兴市场经济体货币政策进一步分化。一方面，多个经济体为提振经济、缓解外部冲击继续放宽货币政策。俄罗斯、印度、巴西、乌克兰、土耳其、匈牙利和印度尼西亚央行均连续多次调低指标利率；韩国央行于2016年6月9日将基准利率下调25个基点至1.25%，创历史新低。另一方面，部分经济体收紧货币政策以应对国内通胀压力，减少美联储加息带来的冲击，减轻本币贬值和资本外流压力。哥伦比亚央行全年6次加息共150个基点至7.75%，其后于12月19日降息25个基点至7.50%；南非储备银行2次上调政策利率共75个基点至7%，埃及央行3次上调550个基点至14.75%，墨西哥央行5次上调基准利率共250个基点至5.75%。此外，埃及、尼日利亚等一些新兴市场经济体采取灵活汇率制度等措施应对金融市场动荡。

四、风险与挑战

当前，世界经济仍处于深度调整和再平衡阶段，在经济增速放缓的同时，不确定性、不稳定性因素较多。

民粹主义、逆全球化和国际贸易及投资保护主义抬头，逐渐成为全球经济复苏的重大风险之一。近期的国际政治变化和部分经济体实施的内顾型政策导致全球保护主义抬头，一旦保护主义情绪进一步加剧，必将放缓甚至逆转国际政策协调和经济全球化进程，阻碍贸易自由化、资本和劳动力流动，并可能引发不可持续的政策，拖累全球生产率和经济增长，加剧金融市场动荡。

美国新政府的经贸政策存在不确定性。目前美国新政府在经贸政策上仍有许多细节尚待明确。市场普遍预计新政府将采取“减税加基础设施建设”的扩张性财政政策，这有助于促进美国经济增长并提振全球总需求，但若融资问题无法妥善解决，美国政府的财政与债务负担可能加剧。同时，扩张性财政政策可能推升通胀水平，导致美联储比预期更快加息，一些外债规模较大、经济脆弱性较高、政策空间有限的新兴市场经济体的货币贬值与资本外流压力可能增加。

欧洲银行业风险犹存。一些欧洲国家银行业盈利水平较低、不良贷款偏高，可能对投资产生负面影响。意大利银行贷款不良率已达到18%，议会已批准总额为200亿欧元的银行业救助计划，但效果尚待观察。欧洲最主要的商业银行之一德意志银行因2004—2007年不当销售住房抵押证券产品的行为面临美国司法部72亿美元的巨额罚款与民事赔偿，并因涉嫌洗钱交易被美英两国监管机构罚款6.29亿美元。德意志银行已连续两年亏损，若罚款对其资本金与未来经营造成拖累，可能使欧洲银行业甚至实体经济进一步承压。

地缘政治冲突多点爆发，风险因素加速累积。大国政治博弈使中东地区地缘政治更趋复杂。欧洲难民危机、恐怖主义抬头等问题可能造成地缘政治冲突多点爆发，风险因素和不确定性加速累积。

五、展望

IMF预计2017年和2018年全球经济增速分别为3.5%和3.6%，经济将加快复苏。但经济下行风险仍然存在，各经济体能否加强宏观政策协调，妥善应对美国政策调整外溢效应以及日益抬头的民粹主义和贸易保护主义倾向，积极推进结构性改革，是全球经济金融能否保持稳定的关键。

美国经济预计将企稳反弹。由于2016年下半年经济的强劲表现以及对新政府采取财政刺激政策的预期，预计美国经济将企稳反弹，IMF预测美国经济增长率将从2016年的1.6%上升至2017年的2.3%。但美国新政府政策的不确定性也可能影响其经济增长前景。继续推进结构性改革，提高劳动力参与率，推进规定简化、豁免减少的税制改革，可以提高经济潜在产出，保证财政可持续性，促进经济增长。

欧元区预计经济复苏势头将稍有减弱。受英国脱欧、油价回升及政治不确定性上升等不利因素与适度扩张的财政政策和相对宽松的货币政策共同影响，IMF预测其经济增速将与2016年的1.7%持平。为缓解不利因素影响，促进经济复苏，欧元区可能继续保持宽松的货币政策，并视情况扩大资产购买计划；有财政空间的经济体可加大对重点领域的资金支持，财政空间不足的国家则审慎确定财政整顿的节奏；继续推进结构性改革，重点改善劳动力市场和产品服务业市场环境；加快银行和企业资产负债表修复，建立统一的存款保险框架，维护金融稳定。

日本经济预计继续缓慢复苏。受全球经济增长疲软、本国人口收缩以及近期日元升值等不利因素影响，日本经济短期内仍将保持缓慢复苏态势。IMF预测2017年其经济增速为1.2%。为提振经济，日本有可能继续执行负利率及资产购买计划等宽松货币政策，防范通货紧缩风险；提高劳动力参与率和工资水平，改善需求侧基本面；根据提高消费税的时间表制定长期财政整顿计划，并采取综合措施扩大税基，提高财政可持续性。

新兴市场经济体仍将成为全球经济增长的主要动力。IMF预计其2017年经济增速将由2016年的4.1%上升至4.5%。为促进经济增长，维护经济金融稳定，新兴市场经济体可妥善管控非金融企业部门的高额债务，增强对全球金融环境收紧、汇率大幅波动和资本流动逆转等风险的抵抗力；继续进行结构性改革，减少产品、劳动力和资本市场扭曲，加大教育和医疗投资；对受大宗商品价格下跌严重冲击的国家，则利用近期市场回暖的机会调整经济结构以恢复宏观经济稳定。

第二章

中国经济金融运行

2016年，国际国内经济金融环境更加错综复杂，我国坚持稳中求进的工作总基调，以推进供给侧结构性改革为主线，适度扩大总需求，实施积极的财政政策和稳健的货币政策，引导形成良好社会预期，国民经济运行缓中趋稳、稳中向好，实现了“十三五”良好开局。

一、宏观经济运行

（一）经济增速保持平稳，产业结构继续优化

国家统计局初步核算，2016年我国国内生产总值（GDP）74.41万亿元，按可比价格计算，同比增长6.7%。第一季度至第四季度同比分别增长6.7%、6.7%、6.7%和6.8%（见图2-1），走势保持平稳。分产业看，第一产业增加值6.37万亿元，增长3.3%；第二产业增加值29.62万亿元，增长6.1%；第三产业增加值38.42万亿元，增长7.8%。从产业增加值占GDP的比重看，第一产业为8.6%，比上年下降0.3个百分点；第二产业为39.8%，比上年下降1.1个百分点；第三产业为51.6%，比上年提高1.4个百分点。第三产业比重连续两年超过50%且进一步提高，产业结构持续优化。

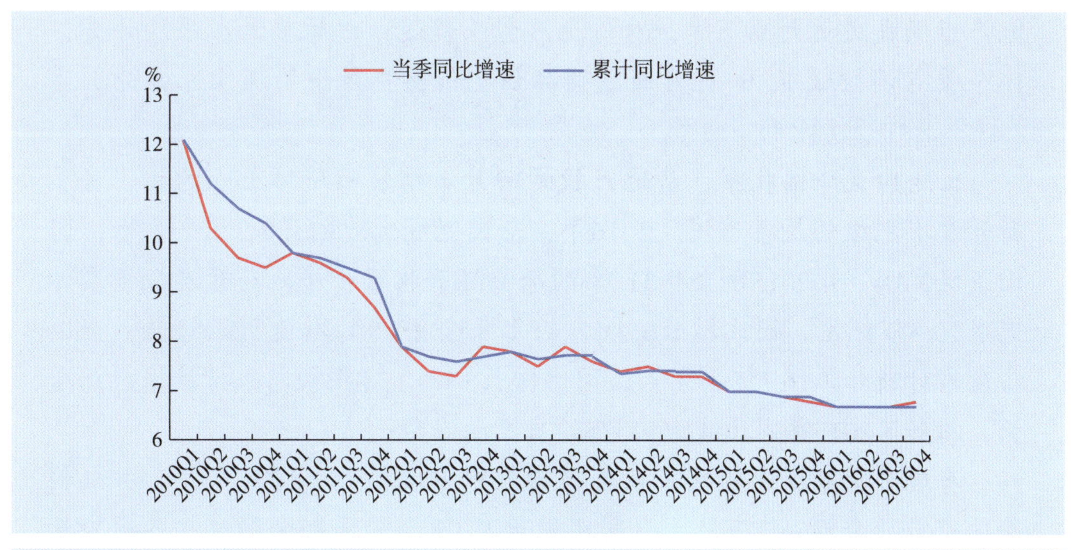

数据来源：国家统计局。

图2-1　中国经济增长情况

专栏1　2016年房地产市场和房地产金融状况

2016年，全国商品房销售大幅增长，部分城市房价快速上涨，个人住房贷款增速较快攀升，各类资金流向房地产领域增多，引发了各方关注。为抑制资产泡沫，维护房地产市场平稳健康发展，中国政府采取综合手段对房地产市场实施调控，除传统的调控手段外，特别采取了因城施策的差别化调节。目前，各类资金过度流向房地产的现象得到初步遏制，个人住房贷款加速扩张的态势趋于缓和。

房地产销售大幅增长，年末逐渐趋缓。据国家统计局数据，2016年，全国新建商品房销售15.7亿平方米，同比增长22.5%，增速比上年同期高16个百分点。其中，新建商品住宅销售面积增长22.4%，增速比上年同期高15.5个百分点。全国启动房地产调控工作后，第四季度全国商品房销售5.2亿平方米，同比增长14.4%，较前三季度26.8%的增速低12.4个百分点。

热点城市房价轮动上涨，年末涨幅有所收敛。年初，一线城市房价上升较快，在3月一线城市政策收紧后，核心二线城市开始领涨全国，并逐渐扩散至热点二、三线城市。10月后，随着调控政策的密集出台，房地产市场成交量大幅下降，房价上涨势头趋缓：以简单算术平均计算，16个重点调控城市[①]9~12月新建商品住宅价格指数平均环比涨幅分别为4.4%、1.8%、0.4%和-0.1%。

土地购置降幅收窄，房地产投资回升。销售回暖对土地购置、房屋新开工有积极的改善作用。2016年，全国完成土地购置2.2亿平方米，同比下降3.4%，比2015年全年31.7%的降幅显著收窄；房地产开发投资累计完成10.3万亿元，同比增长6.9%，较上年全年1%的增速明显好转；全国房屋累计新开工16.7亿平方米，同比增长8.1%，自年初以来持续保持正增长，扭转了2015年同比减少14.0%的负增长态势。

房地产贷款增速较快，在各项贷款中占比扩大。12月末，金融机构房地产贷款余额26.7万亿元，同比增长27.0%，较同期金融机构各项贷款余额同比增速高13.5个百分点。12月末，房地产贷款余额占各项贷款比重为25.0%，较上年末高2.7个百分点。2016年，全国新增房地产贷款5.7

① 由于苏州房价未包含在国家统计局的70个大中城市房价统计中，16城房价的上述计算中不含苏州，不影响结论及判断。

万亿元，同比多增2.1万亿元，累计新增金额占同期新增各项贷款的比重为44.8%。

（二）投资增长缓中趋稳，国际收支总体平衡

2016年，全社会固定资产投资60.6万亿元，同比增长7.9%（见图2-2），增速比上年回落1.9个百分点。社会消费品零售总额33.23万亿元，同比增长10.4%，增速比上年回落0.3个百分点。货物进出口总额24.33万亿元，同比下降0.9%，降幅比上年收窄6.1个百分点。其中，出口13.84万亿元，下降2.0%；进口10.49万亿元，增长0.6%。进出口相抵，全年贸易顺差3.35万亿元。需求结构继续改善，全年最终消费支出对GDP增长的贡献率为64.6%，提高4.7个百分点。

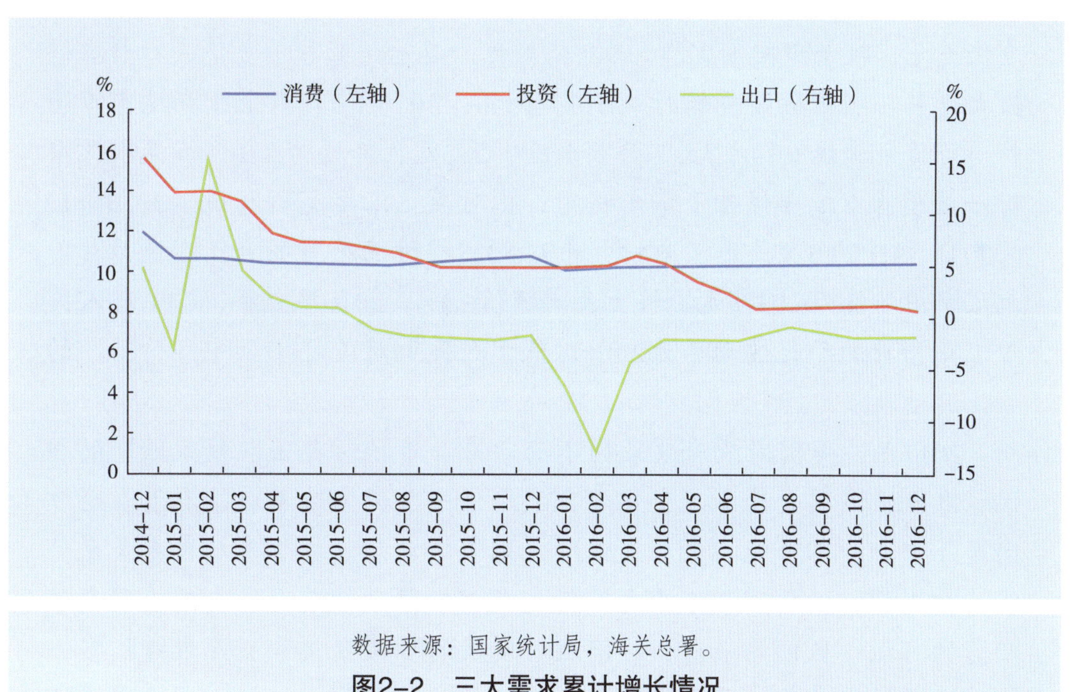

数据来源：国家统计局，海关总署。

图2-2　三大需求累计增长情况

2016年，我国经常账户顺差2 104亿美元，同比下降36%，与同期GDP的比值为1.9%；资本和金融账户逆差470亿美元，其中非储备性质的金融账户逆差4 903亿美元，储备资产减少4 436亿美元。2016年末，我国外汇储备余额3.01万亿美元，比上年末减少3 198亿美元，下降9.6%。从全年情况看，央行稳定

人民币汇率是外汇储备规模下降的最主要原因，非美元对美元总体贬值和资产价格变化也对外汇储备规模造成影响。总体而言，2016年的全年降幅比上年同期减少了1 928亿美元，下降速度趋缓。

专栏2　跨境资本流动与人民币汇率波动

2016年，我国经常账户保持顺差，资本和金融账户（不含储备资产）持续逆差，外汇储备余额降幅总体放缓，跨境资本流出压力较高峰期缓解。人民币对美元汇率有所走贬，但与其他主要发达经济体和新兴市场经济体货币相比贬值幅度较小。

具体来看，2016年的跨境资本流动与人民币汇率波动具有以下特点：一是跨境资本流出的压力有所缓和。全年银行结售汇逆差3 377亿美元，较上年同期收窄1 281亿美元；外汇储备余额下降3 198亿美元至3.01万亿美元，较上年同期少降 1 928亿美元。二是企业外币负债去杠杆取得较大进展。据国际清算银行（BIS）测算，2016年3月末企业在境内市场外币负债余额较2014年3月末下降1 800亿美元，降幅为30%。三是人民币对一篮子货币汇率保持了基本稳定，但对美元汇率有所贬值。2016年12月30日，CFETS人民币汇率指数为94.83，接近五个月高点；人民币对美元汇率中间价为6.9370元，较上年末贬值6.4%。2016年全年，CFETS人民币汇率指数的年化波动率为2.8%，低于人民币对美元汇率中间价3.6%的年化波动率。

2017年，美国新政府政策的不确定性、市场对英国“硬脱欧”的担忧、欧元区多国大选形势变化以及欧元区一些国家改革放缓和潜在财政问题等因素，都可能再次引发国际金融市场动荡。尽管市场预期美元可能还会走强，但也不排除美元已经走在市场预期的前面、未来出现高位回落的可能。从国内来看，经济运行发展的积极变化和亮点继续增多，经济运行缓中趋稳、稳中向好，经济结构继续优化。随着中国金融市场对外开放的推进，境外投资者增持人民币资产对资本流入的积极作用也将逐步显现。2016年中央经济工作会议提出要继续深化供给侧结构性改革，随着各项改革的持续深化，我国经济增长质量和效益的不断提高，人民币汇率的基本面因素将进一步被夯实，人民币汇率在弹性增强的同时，将更加有条件在合理均衡水平上保持基本稳定。

（三）CPI温和上涨，PPI由负转正

2016年，居民消费价格指数（CPI）同比上涨2.0%，涨幅比上年扩大0.6个百分点（见图2-3），其中各季度涨幅分别为2.1%、2.1%、1.7%和2.2%。分类来看，食品价格上涨4.6%，涨幅比上年提高2.3个百分点；非食品价格上涨1.4%，涨幅比上年提高0.4个百分点；消费品价格上涨1.9%，涨幅比上年提高0.7个百分点；服务价格同比上涨2.2%，涨幅比上年提高0.2个百分点。继连续54个月为负后，9月工业生产者出厂价格指数（PPI）由负转正并持续上升，全年同比下降1.4%，降幅比上年缩小3.8个百分点，其中，生产资料价格下降1.8%，降幅比上年缩小4.9个百分点；生活资料价格与上期持平。工业生产者购进价格指数（PPIRM）同比下降2.0%，降幅比上年缩小4.1个百分点。

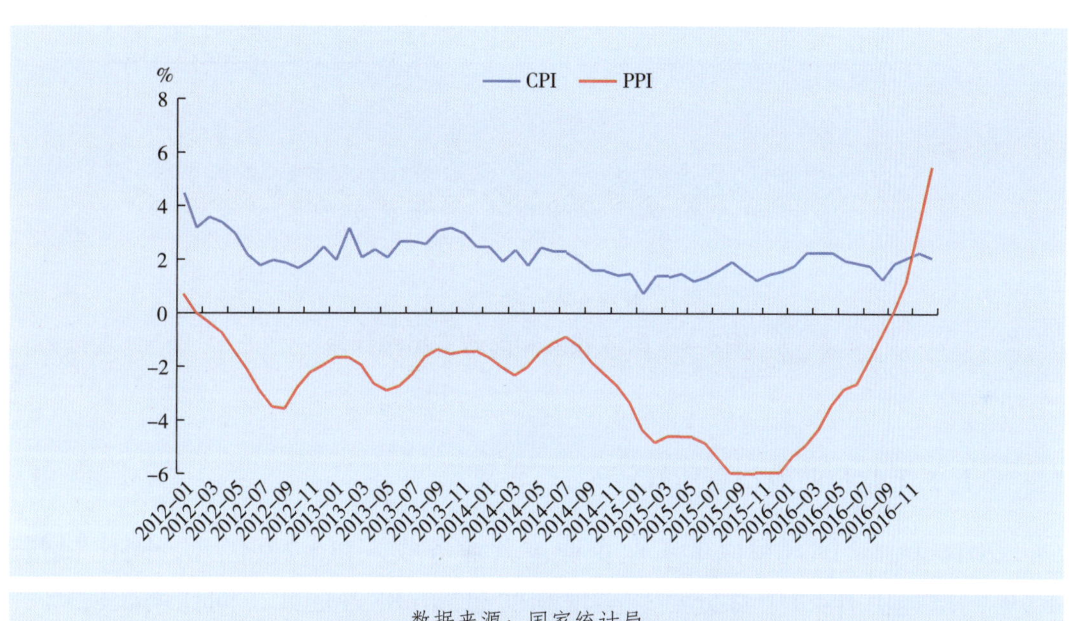

数据来源：国家统计局。

图2-3 主要物价指数月度同比走势

（四）财政收入、支出增速回落

2016年，全国一般公共预算收入15.96万亿元，同比增长4.5%（同口径，下同），增速回落1.3个百分点（见图2-4），仍延续增幅逐年回落的走势。其中，中央一般公共预算收入7.24万亿元，占全国一般公共预算收入的45.4%，同比增长1.2%；地方一般公共预算本级收入8.72万亿元，同比增长7.4%。从收入结构看，税收收入13.04万亿元，占全国一般公共预算收入的81.7%，同比增长4.3%；非税收入2.92万亿元，同比增长5%。

全年全国一般公共预算支出18.78万亿元，同比增长6.4%，增速比上年下降6.8个百分点。其中，中央一般公共预算本级支出2.74万亿元，同比增长7.3%；地方一般公共预算支出16.04万亿元，同比增长6.2%。

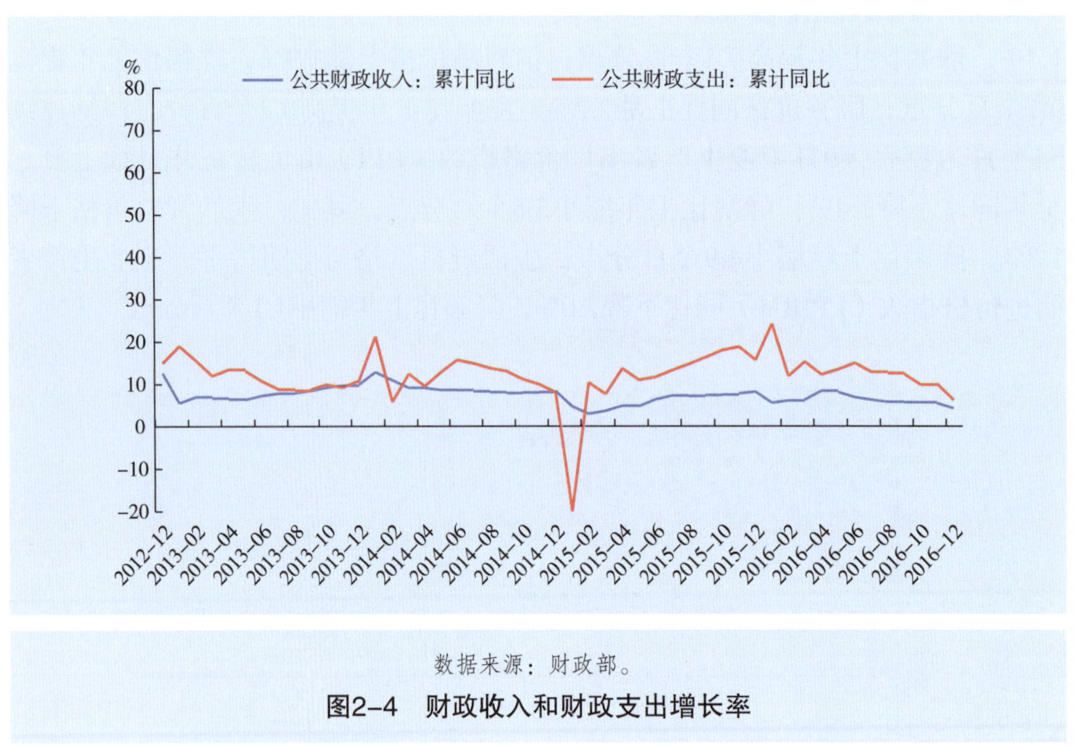

数据来源：财政部。

图2-4 财政收入和财政支出增长率

（五）工业企业效益有所好转

2016年，全国规模以上工业企业主营业务收入115.2万亿元，同比①增长4.9%，增速上升4.1个百分点；实现利润总额6.88万亿元，同比增长8.5%，增速上升10.8个百分点；主营业务收入利润率为5.97%，同比上升0.21个百分点。41个工业大类行业中，29个行业利润总额比上年增长，1个行业持平，11个行业下降，其中，制造业利润上涨较快，实现利润总额62 397.6亿元，同比增长12.3%；采矿业利润下降较多，实现利润总额1 825.2亿元，同比下降27.5%。

人民银行5 000户企业调查结果表明经营情况好转。从盈利看，样本企业

① 由于规模以上工业企业范围每年发生变化，为保证本年数据与上年可比，计算各项指标同比增长速度和增长量所采用的同期数与本期的企业统计范围相一致，和上年公布的数据存在口径差异。

主营业务收入由2015年[①]同比下降8.2%，转变为2016年[②]同比上升0.7%；利润总额同比上升25.3%，增速较2015年扩大52.2个百分点。从资产周转看，样本企业存货周转率为5.0次、总资产周转率为0.7次，均与上年持平；营业周期为142.7天，同比增加1.2天。从资产负债率看，样本企业资产负债率下降至61.8%，同比下降0.6个百分点；流动比率为101.6%，同比上升2.6个百分点；速动比率76.6%，同比上升2.6个百分点（见图2-5）；利息保障倍数为4.1倍，同比上升0.9倍。

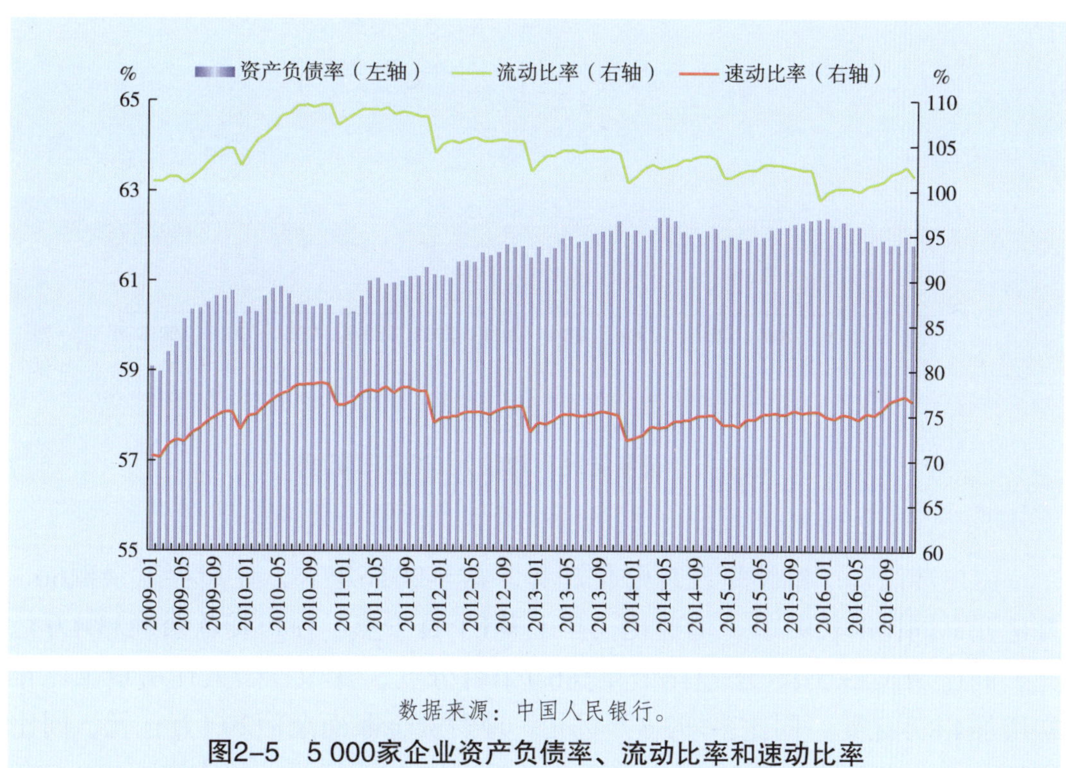

数据来源：中国人民银行。

图2-5 5 000家企业资产负债率、流动比率和速动比率

（六）就业形势保持稳定，居民收入稳步增长

2016年，全国城镇新增就业1 314万人，比上年多增2万人，城镇登记失业率4.02%，比上年下降0.03个百分点。居民人均可支配收入23 821元，扣除价格因素实际增长6.3%。城镇居民人均可支配收入33 616元，扣除价格因素实际

① 由于样本企业调整、财务数据更新等原因，本章所用的2015年末数据均为最新的经过调整后的数据，可能与上年报告中的数据存在一定差异。

② 部分企业因审计年报数据，报送日期可能有所延迟。本章中2016年末的财务数据，已根据2017年3月末企业报送的最新数据进行了更新，与最终年报数据可能存在差异。

增长5.6%，增速比上年下降1个百分点；农村居民人均可支配收入12 363元，扣除价格因素实际增长6.2%，增速比上年下降1.3个百分点（见图2–6）。城乡居民收入差距继续缩小，农村居民人均可支配收入实际增速快于城镇居民人均可支配收入0.6个百分点。

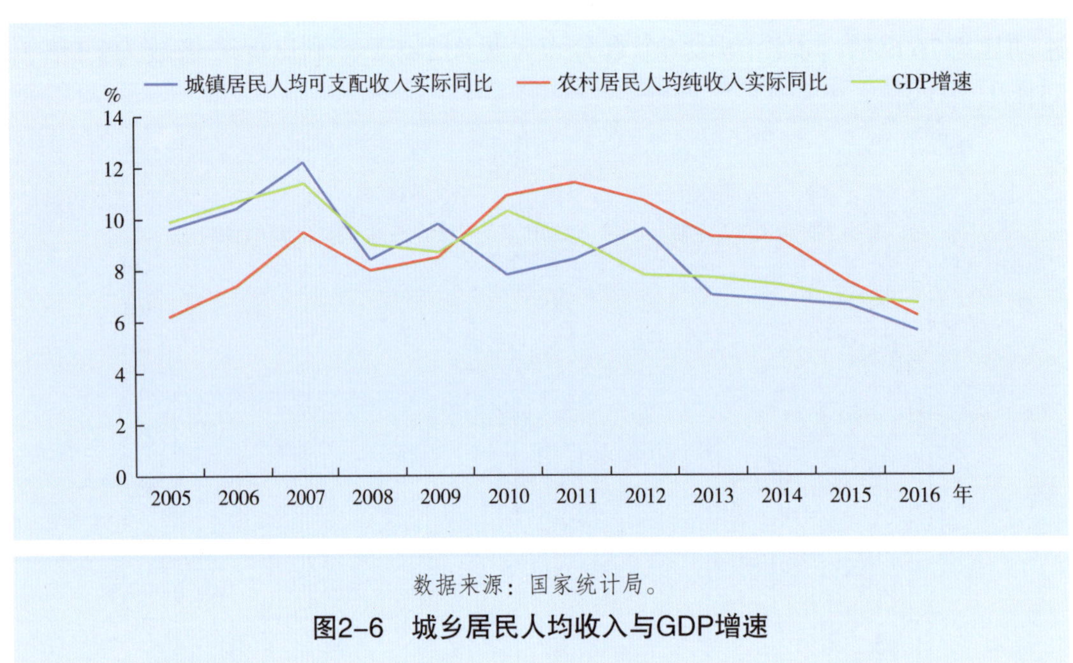

数据来源：国家统计局。

图2–6 城乡居民人均收入与GDP增速

住户部门资产继续呈现理财化趋势。截至2016年末，住户存款余额60.7万亿元，同比增长9.9%，增速比上年上升1个百分点。住户贷款余额33.4万亿元，同比增长23.5%，增速比上年高6.7个百分点，其中，个人住房贷款比年初增加4.8万亿元，同比多增2.3万亿元。理财资金账面余额29.1万亿元，同比增长23.6%，证券公司客户资产管理业务规模17.58万亿元，同比增长48%，基金管理公司管理的公募基金规模9.2万亿元，基金公司及其子公司专户业务规模16.9万亿元，个人投资者持有的A股已上市流通市值14.62万亿元。个人不良贷款余额上升，不良率下降。个人不良贷款余额（包括非经营贷款和经营性贷款）5 728.2亿元，比年初增加618亿元，不良率1.7%，比年初下降0.18个百分点。个人住房按揭贷款、个人信用卡贷款和个人汽车贷款的不良额均有所增加，分别为633.2亿元、751.5亿元和59.1亿元，分别比年初增加130.5亿元、159.9亿元和8.7亿元。个人住房按揭贷款、个人信用卡贷款和个人汽车贷款不良率分别为0.4%、1.9%和0.8%。

专栏3 人民币正式纳入特别提款权（SDR）货币篮子

2015 年11 月30 日，国际货币基金组织（IMF）决定将人民币纳入SDR货币篮子。这是历史上第一次增加SDR篮子货币，为给SDR使用者预留充裕时间做好会计和交易的准备工作，新的SDR篮子生效时间被定为2016年10月1日。

为了确保人民币顺利“入篮”，在前期工作基础上，人民银行、外汇局与相关部门密切配合，继续有序推进相关准备工作。一是继续扩大金融市场对外开放。人民银行进一步向境外私人机构投资者开放了银行间债券市场，不设投资额度限制，并为境外央行类机构入市提供了具体的操作指引。二是进一步解决了SDR定值汇率要求的技术性问题。英格兰银行每天向IMF提供中午12点伦敦市场的人民币兑美元汇率，作为人民币加入SDR的定值汇率。2016年1月4日起，中国将银行间外汇市场交易系统每日运行时间延长7个小时，使人民币在岸交易时段能够覆盖伦敦市场。三是健全短期国债收益率曲线，满足人民币纳入SDR货币篮子的操作要求。财政部自2015年第四季度起按周滚动发行3个月短期国债，完善短期国债发行机制，提高3个月国债收益率的准确性。四是进一步提高数据透明度，加强市场沟通。人民银行和外汇局于2015年12月正式参与了国际银行业统计（IBS）和协同证券投资调查（CPIS）等数据调查。此外，人民银行进一步就货币政策、宏观审慎管理、资本流动等问题加强与市场的沟通以及与其他经济体的政策协调，有效引导市场预期，增强了各方对中国经济和改革开放前景的信心，为人民币正式加入SDR创造了良好的国际环境。

2016年10月1日，IMF发表声明宣布人民币加入SDR货币篮子正式生效，SDR货币篮子的币种和权重相应进行了调整，正式扩大至美元、欧元、人民币、日元、英镑5 种货币，权重分别为41.73%、30.93%、10.92%、8.33%和8.09%，对应的货币数量分别为0.58252、0.38671、1.0174、11.900、0.085946。同时，SDR汇率和利率也进行了相应调整，人民币汇率和3个月国债利率分别进入SDR汇率和利率的计算。

人民币正式“入篮”以来，国际社会反响积极，人民币资产的全球市场吸引力明显上升，IMF、BIS、世界银行等国际组织在按SDR货币篮子进行资产配置时相应增加了人民币资产配置。各国央行持有的人民币资产被IMF承认为外汇储备，IMF相应地修改了外汇储备币种构成统计调查（COFER）的统计报表，将人民币纳入统计。此外，人民币已经开始作为IMF的官方交易货币使用，可以用于成员国向IMF缴纳份额、还款以及IMF向成员国提供贷款、支付利息等。

人民币加入SDR货币篮子对国际货币体系的演进意义重大，有助于促进国际货币体系的多元化，使SDR货币篮子的构成更能代表国际交易的主要货币，增强SDR本身的代表性和吸引力。同时，人民币正式入篮进一步促进了企业和个人在跨境贸易和投资中使用人民币，增强了市场对人民币的信心，有助于改善外汇市场供求，促进人民币汇率保持稳定。总的来说，人民币加入SDR货币篮子，既是中国融入全球金融体系的重要里程碑，也是中国金融改革和开放的新起点。中国会以人民币“入篮”为契机，进一步深化金融改革，扩大金融开放，为促进全球经济增长、维护全球金融稳定和完善全球经济治理做出积极贡献。

二、货币金融运行

2016年，面对日趋复杂的国内外经济金融形势，我国继续实施稳健的货币政策，保持灵活适度，适时预调微调，增强针对性和有效性，为稳增长和供给侧结构性改革营造中性适度的货币金融环境。总体看，稳健货币政策取得了较好效果，银行体系流动性合理充裕，货币信贷和社会融资规模平稳较快增长，利率水平低位运行，货币金融环境基本稳定。

货币总量保持平稳增长。2016年末，广义货币（M_2）余额155.01万亿元，同比增长11.3%，增速比上年末低2个百分点；狭义货币（M_1）余额48.66万亿元，同比增长21.4%，增速比上年末高6.2个百分点；流通中货币（M_0）余额6.83万亿元，同比增长8.1%，增速比上年末高3.2个百分点；全年净投放现金5 087亿元，同比多投放2 130亿元。全年M_2增速前高后低，总体增长较为平稳，银行体系流动性保持合理充裕。受低利率环境下企业持有活期存款的机会成本下降、地方政府债务置换暂时沉淀了部分资金、房地产等市场活跃带动交易性货币需求上升等因素综合影响，M_1增速相对较高，8月以来增速自高位逐步回落，M_1-M_2剪刀差也相应收窄（见图2-7）。

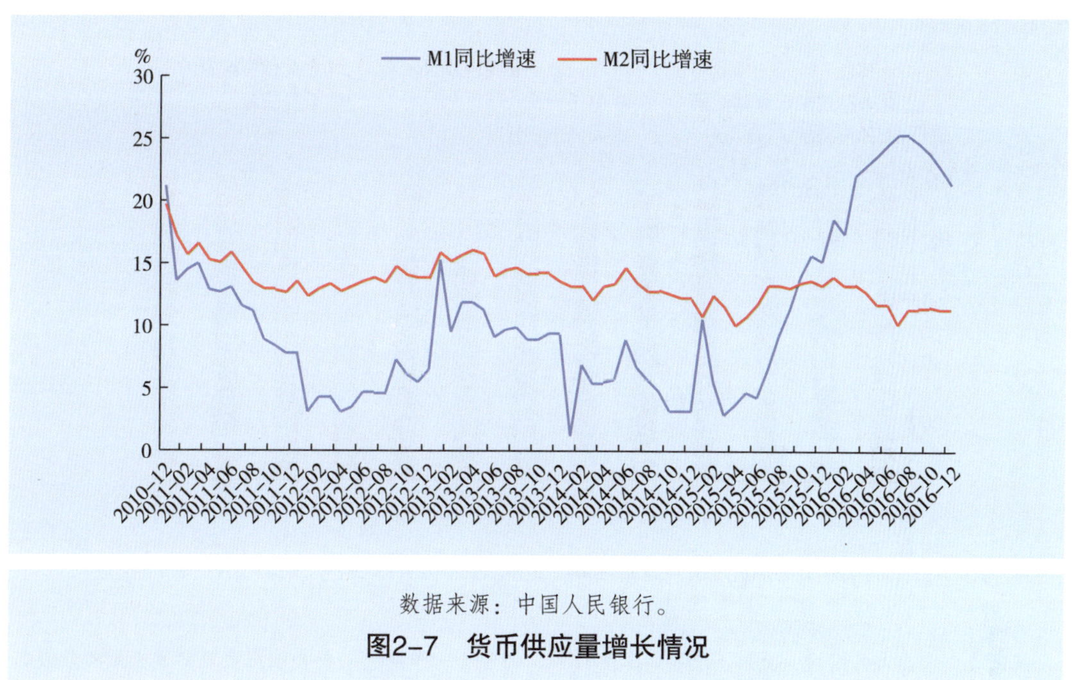

数据来源：中国人民银行。

图2–7　货币供应量增长情况

社会融资规模适度增长。初步统计，2016年末社会融资规模存量为155.99万亿元，同比增长12.8%，增速比上年末高0.3个百分点。全年社会融资规模增量为17.8万亿元，同比增加2.4万亿元。从增量结构看，一是企业债券和股票融资占比总体保持稳定。全年非金融企业境内债券和股票合计融资4.24万亿元，同比多增5 431亿元；占社会融资规模增量的23.8%，同比略降0.2个百分点。二是委托贷款和信托贷款占比上升。全年实体经济委托贷款和信托贷款合计融资3.05万亿元，同比多增1.41万亿元，占社会融资规模增量的17.1%，同比高6.4个百分点。三是对实体经济发放的人民币贷款大幅多增，全年增加12.44万亿元，同比多增1.17万亿元，占同期社会融资规模增量比重为69.9%。四是未贴现的银行承兑汇票同比大幅减少（见图2–8）。

金融机构贷款平稳较快增长，贷款利率低位稳定运行。2016年末，金融机构本外币存款余额155.52万亿元，同比增长11.3%。全年人民币存款增加14.88万亿元，同比少增924亿元；全年外币存款增加845亿美元，同比多增678亿美元。金融机构本外币贷款余额112.06万亿元，同比增长12.8%。全年人民币贷款增加12.65万亿元，同比多增9 257亿元；全年外币贷款减少445亿美元，同比少减57亿美元。金融机构贷款利率低位稳定运行，12月非金融企业及其他部门贷款加权平均利率为5.27%，与上年12 月持平。

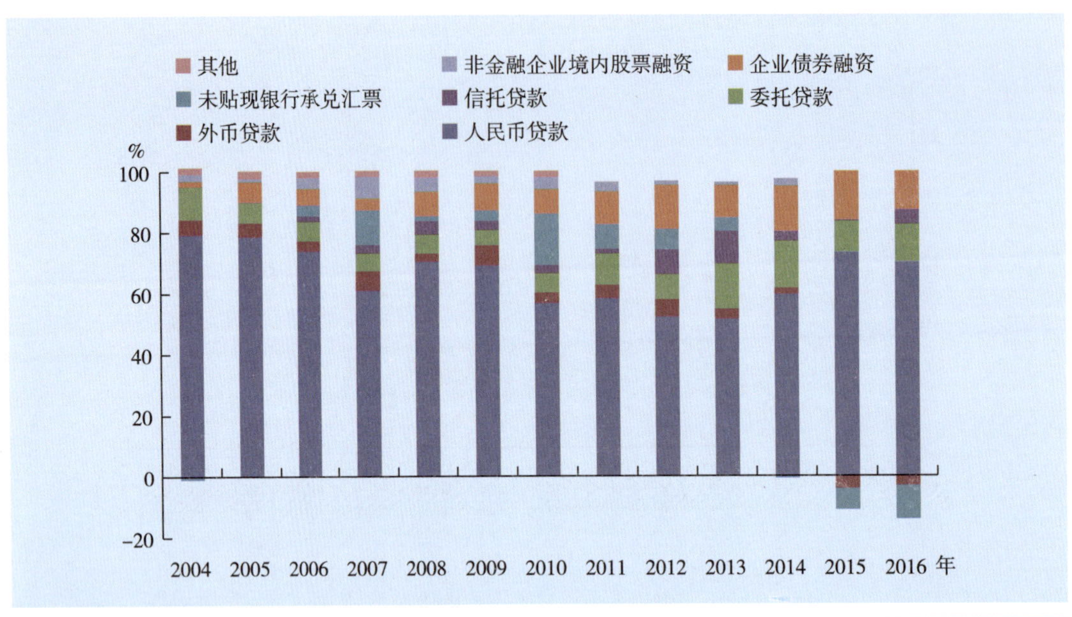

数据来源：中国人民银行、国家发展和改革委员会、证监会、保监会、中央国债登记结算有限责任公司和银行间市场交易商协会等部门。

图2-8 不同融资方式在社会融资规模中占比

三、展望

当前，我国经济形势总体缓中趋稳、稳中向好，经济运行保持在合理区间，质量和效益提高。经济结构继续优化，创新对发展的支撑作用增强，改革开放取得新突破，对外开放布局进一步完善。但与此同时，我国经济运行仍存在不少突出矛盾和问题，产能过剩和需求结构升级问题犹存，经济增长内生动力不足，金融风险有所积聚，非金融企业杠杆率高企、地方政府债务风险、局部房地产泡沫风险、银行业资产质量下降、金融产品创新无序发展等风险值得关注。

2017年，要全面贯彻党的十八大和十八届三中、四中、五中、六中全会精神，统筹推进“五位一体”总体布局和协调推进“四个全面”战略布局，坚持稳中求进工作总基调，牢固树立和贯彻落实新发展理念，适应把握引领经济发展新常态，坚持以提高发展质量和效益为中心，坚持以推进供给侧结构性改革为主线，适度扩大总需求，加强预期引导，深化创新驱动，全面做好稳增长、促改革、调结构、惠民生、防风险各项工作，促进经济平稳健康发展和社会和谐稳定。

继续实施积极的财政政策和稳健的货币政策。财政政策要更加积极有效，预算安排要适应推进供给侧结构性改革、降低企业税费负担、保障民生兜底的需要。货币政策要保持稳健中性，适应货币供应方式新变化，调节好货币闸门，努力畅通货币政策传导渠道和机制，维护流动性基本稳定。坚持汇率市场化改革方向，保持人民币在全球货币体系中的稳定地位。

深入推进“三去一降一补”。去产能方面，继续推动钢铁、煤炭行业化解过剩产能，处置“僵尸企业”，用市场、法治的办法做好其他产能严重过剩行业去产能工作。去库存方面，坚持分类调控，因城因地施策，重点解决三、四线城市房地产库存过多问题。去杠杆方面，在控制总杠杆率的前提下，把降低企业杠杆率作为重中之重。降成本方面，在减税、降费、降低要素成本上加大工作力度。补短板方面，从严重制约经济社会发展的重要领域和关键环节、从人民群众迫切需要解决的突出问题着手，既补硬短板也补软短板，既补发展短板也补制度短板，推动精准扶贫、精准脱贫各项政策措施落地生根。

继续深化金融改革。深入推进利率市场化改革，增强中央银行利率调控能力，维护公平合理的市场定价秩序，不断健全市场化的利率形成、调控和传导机制。提高常备借贷便利操作效率，有效发挥利率走廊上限作用。进一步完善人民币汇率市场化形成机制，加大市场决定汇率力度。积极引导和稳定市场预期，平衡跨境资本流动，保持人民币汇率在合理均衡水平上的基本稳定。建立多层次资本市场体系，完善市场运行规则，健全市场化、法治化违约处置机制。完善金融机构公司治理，强化审慎合规经营理念，推动金融机构切实承担起风险管理责任。推动全面落实开发性金融机构、政策性银行改革方案。探索农村信用社省级联社改革路径。稳妥推进市场化法治化债转股。推进自由贸易实验区金融开放创新试点。推进构建覆盖银行、证券、保险等各领域的绿色金融体系。

加强宏观审慎管理，把防控金融风险放到更加重要的位置。加强金融风险研判和预警，重点关注产能过剩行业、银行资产质量、资本市场、地方各类交易场所、保险资金运用、交叉性金融业务及非法集资等领域风险。提高和改进监管能力，强化金融监管协调，统筹监管系统重要性金融机构，统筹监管金融控股公司和重要金融基础设施，统筹负责金融业综合统计，推动建立更为规范的资产管理产品标准规制，形成金融发展和监管强大合力，补齐监管短板，避免监管空白。完善存款保险制度功能，探索金融机构风险市场化处置机制。

第三章

银行业

2016年，银行业认真贯彻落实党中央、国务院重大决策部署，支持“三去一降一补”工作全面推进，改革取得积极进展，服务实体经济与社会发展的水平继续提升，重点领域的风险防控能力有所增强。但在经济稳定运行基础还不牢固的背景下，部分领域的风险有所积累，银行业要把防控金融风险放到更加重要的位置上，同时继续加大改革和创新力度，实现持续健康发展，为经济社会发展创造良好的金融环境。

一、运行状况

（一）资产负债规模保持增长，机构体系日趋完善

资产负债规模保持增长。截至年末，银行业金融机构资产总额232.25万亿元，比上年末增加31.68万亿元，增长15.8%，增速比上年增加0.13个百分点；负债总额214.82万亿元，比上年末增加29.7万亿元，增长16.04%，增速同比增加0.97个百分点。其中五家大型商业银行资产占比37.29%，比上年末下降1.92个百分点，股份制商业银行、城市商业银行资产占比分别比上年末提高0.16个、0.78个百分点，农村金融机构资产占比与上年末持平（见图3-1）。

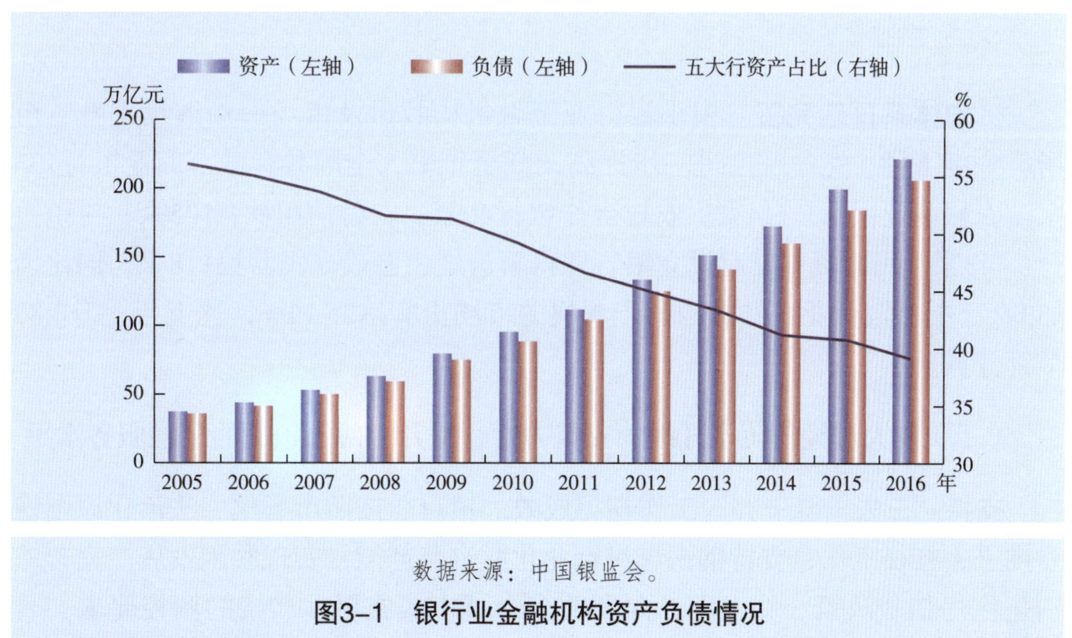

数据来源：中国银监会。

图3-1 银行业金融机构资产负债情况

存贷款增速放缓。截至年末，银行业金融机构本外币各项存款余额140.42万亿元，比上年末增加15.63万亿元，增长12.53%，增速同比上升0.57个百

分点；各项贷款余额106.6万亿元，比上年末增加7.25万亿元，增长7.28%，增速同比下降5.09个百分点（见图3-2）。从期限看，人民币中长期贷款增长较快，截至年末，贷款余额58.95万亿元，比上年末增加8.94万亿元，增长17.9%。分机构看，股份制商业银行、城市商业银行和农村金融机构贷款同比增加较多。

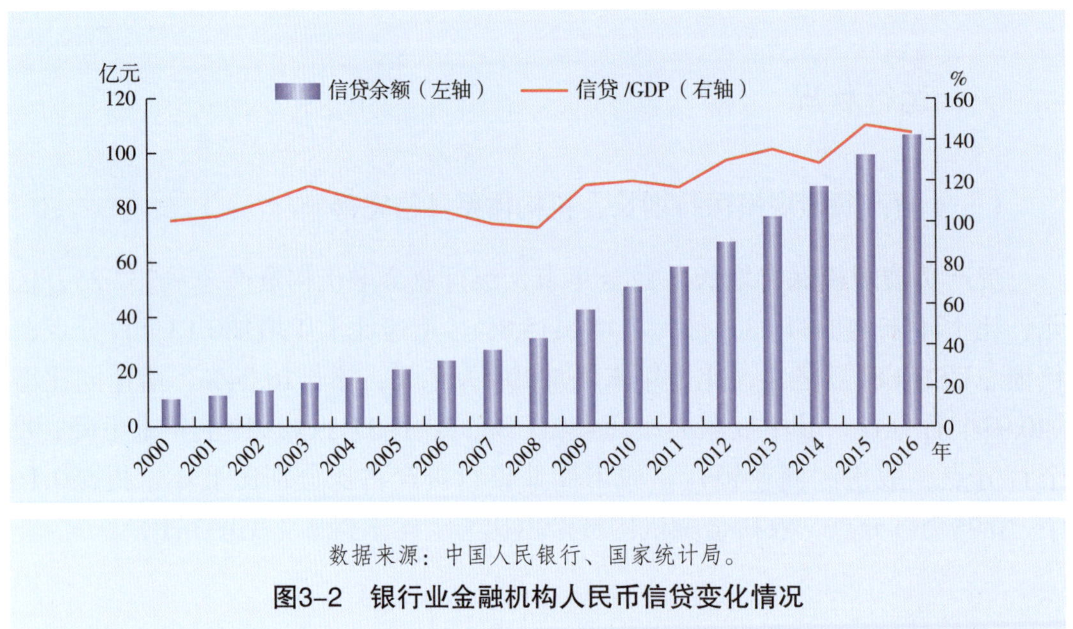

数据来源：中国人民银行、国家统计局。

图3-2 银行业金融机构人民币信贷变化情况

机构体系日趋完善。中小银行业金融机构数量及市场份额继续上升，市场集中度下降，竞争程度进一步提高。截至年末，全国共有城市商业银行134家、农村商业银行1 114家、农村合作银行40家、农村信用社1 125家、村镇银行1 443家。民营资本发起设立银行取得新进展，已成立民营银行8家，同比增加3家。中小银行业金融机构资产规模的市场份额达25.11%，比上年上升0.82个百分点。

（二）加大对经济转型升级的支持力度，提升对薄弱领域的金融服务水平

支持"三去一降一补"工作初见成效。银行业按照市场化、法治化原则稳妥推进去杠杆工作，支持钢铁煤炭行业化解过剩产能，实现脱困发展。完善差别化住房信贷政策，在上海、深圳等多个城市实施更加严格的调控要求。着力加大对补齐短板领域的金融支持，改进创业创新、小微企业、健康养老、就业助学等民生领域的金融服务。截至年末，保障性安居工程贷款同比增长58.7%；服务业中长期贷款同比增长11.4%。

专栏4　积极稳妥降低企业杠杆率

近年来，我国企业杠杆率高企，债务规模增长过快，企业债务负担不断加重。在国际经济环境更趋复杂、我国经济下行压力仍然较大的背景下，一些企业经营困难加剧，一定程度上导致债务风险上升。为贯彻落实党中央、国务院关于推进供给侧结构性改革、重点做好“三去一降一补”工作的决策部署，促进建立和完善现代企业制度，增强经济中长期发展韧性，发展改革委、人民银行、财政部和银监会四部委牵头研究制定降低企业杠杆率和市场化债转股的政策。

2016年10月10日，国务院公布了《关于积极稳妥降低企业杠杆率的意见》及其附件《关于市场化银行债权转股权的指导意见》。主要明确了以下内容：一是降杠杆的总体思路。坚持积极财政政策和稳健货币政策，以市场化、法治化方式，通过标本兼治、综合施策积极稳妥降低企业杠杆率，助推供给侧结构性改革，助推国有企业改革深化，助推经济转型升级和优化布局，为经济长期持续健康发展夯实基础。二是降杠杆工作遵循市场化、法治化、有序开展、统筹协调的原则，充分发挥市场在资源配置中的决定性作用，依法依规开展降杠杆工作。三是降杠杆的具体途径。通过推进企业兼并重组、完善现代企业制度强化自我约束、盘活企业存量资产、优化企业债务结构、有序开展市场化银行债权转股权、依法依规实施企业破产、积极发展股权融资等七个途径，平稳有序降低企业杠杆率。四是降杠杆的政策环境与配套措施。文件提出从落实和完善降杠杆财税支持政策、加强市场主体信用约束、强化金融机构授信管理、健全投资者适当性管理制度、减轻企业社会负担、做好企业重组中的职工分流安置工作、落实产业升级配套政策、严密监测和有效防范风险、规范履行相关程序以及更好发挥政府作用等方面营造降杠杆的良好环境。

市场化债转股是降低企业杠杆率的重要举措，是稳增长、促改革、调结构、防风险的重要结合点，可以有效降低企业杠杆率，增强企业资本实力，防范企业债务风险，有利于帮助企业降本增效，增强竞争力，有利于推动企业股权多元化，促进企业改组改制，完善现代企业制度。市场化法治化是本次债转股的突出特征，转股对象企业市场化选择，转股资产市场化定价，资金市场化筹集，股权市场化管理和退出，并要依法依规有序开展。一是严禁“僵尸企业”、失信企业和助长产能过剩的企业实施债转股。二是市场化债转股绝不是免费午餐。本次债转股的债权转让、转股价格将依据市场形成的公允价格自主协商确定，相关主体要自主决策、自担风险、自享收益，政府不承担损失的兜底责任。三是债转股资金主要是市场化方式筹集，鼓励实施机构依法依规面向社会投资者募集资金，有序引导社会资金转化为社会资本。四是政府不干预市场化债转股的具体事务，不搞拉郎配。政府在本次债转股的职责定位是制定规则、完善政策、依法监督，维护公平竞争的市场秩序，保持社会稳定，做好职工合法权益保护等社会保障工作，确保债转股在市场化、法治化轨道上平稳有序推进。

自《关于积极稳妥降低企业杠杆率的意见》发布以来，商业银行等市场主体按照市场化法治化原则，做了有益的探索和创新，市场化债转股取得明显进展。从已签约项目看，市场化债转股能有效降低企业资产负债率，起到了去杠杆、降成本、促进企业改组改制、优化融资结构等作用。下一步，需要继续探索创新，完善制度设计，落实配套政策，为市场化债转股进一步营造良好的市场和政策环境，坚定不移地推进市场化债转股取得实效。

"三农"金融支持力度持续加强。"三农"金融服务模式继续创新，稳妥推进农村"两权"抵押贷款试点，涉农贷款余额稳步增长。截至年末，银行业金融机构涉农贷款余额28.2万亿元，同比增长7.1%（见图3-3）。农村金融机构资本和财务实力继续加强，公司治理不断改进，支农能力持续增强。截至年末，农村金融机构贷款余额13.95万亿元，同比增长11.52%。

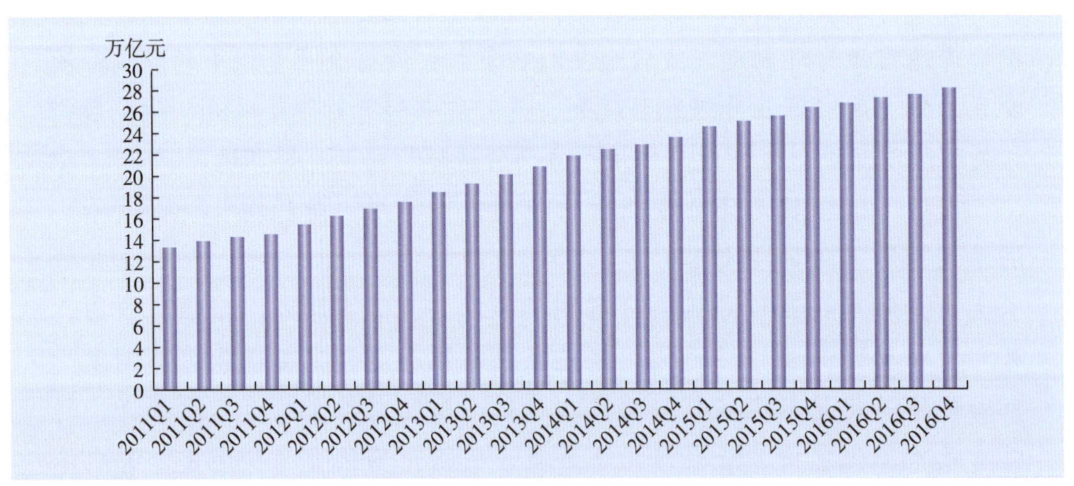

数据来源：中国人民银行。

图3-3 涉农贷款余额情况

小微企业金融服务水平不断提升。截至年末，小微企业贷款余额26.7万亿元，占全部企业贷款的37.8%，比上年末增长13.8%，比同期大、中型企业贷款增速分别高6.1个和7.1个百分点（见图3-4）。2016年，新增小微企业贷款3.24万亿元，占企业新增贷款的50.7%。全国共有小额贷款公司8 673家，贷款余额9 273亿元，在缓解小微企业融资难方面发挥了积极作用。

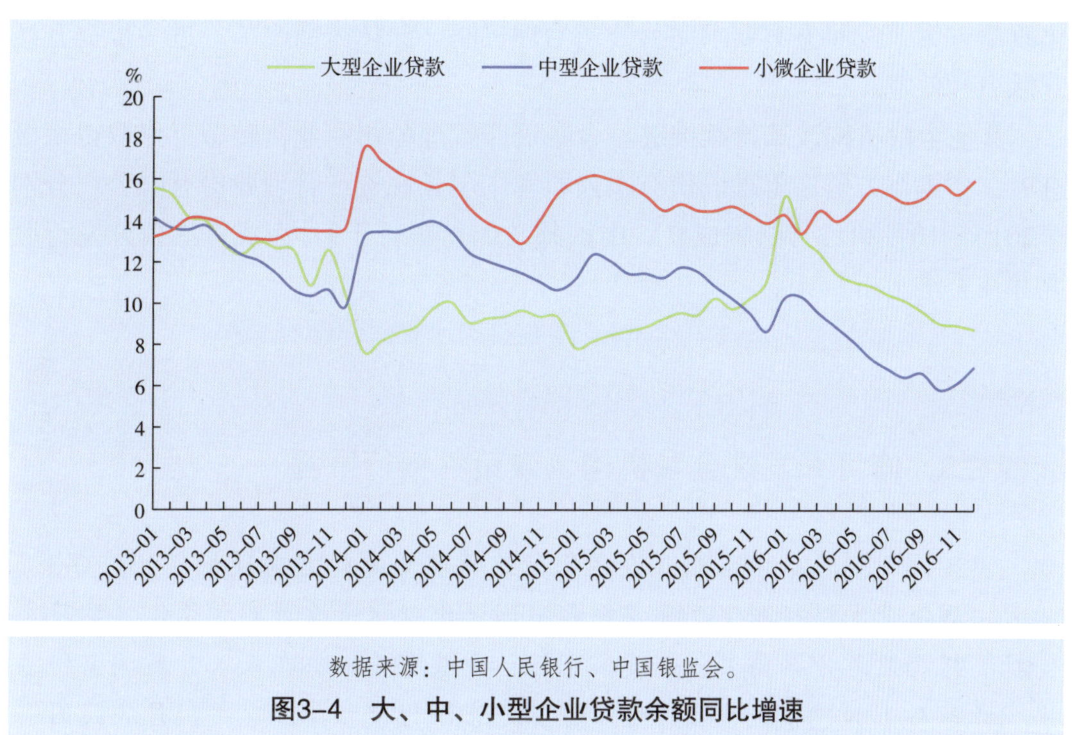

数据来源：中国人民银行、中国银监会。

图3-4 大、中、小型企业贷款余额同比增速

（三）金融机构改革持续推进，防控风险能力进一步增强

开发性金融机构、政策性银行改革持续推进。国家开发银行、中国进出口银行和中国农业发展银行章程于2016年11月获批。章程对三家银行改革方案提出的主要改革任务和措施进行了明确和细化，有助于推动三家银行进一步强化职能定位，完善现代金融企业制度建设，加大对重点领域和薄弱环节的支持力度。2016年，国家开发银行、中国农业发展银行分别设立了扶贫金融事业部。完善三家银行治理结构、认定划分业务范围等工作也在推进过程中。

大型商业银行改革不断深化。工商银行、农业银行、中国银行、建设银行、交通银行继续深化改革，进一步完善公司治理，积极加快转型发展，不断提升管理水平、服务质量、风险防控水平和国际竞争力。截至年末，五家大型商业银行的资本充足率分别为14.61%、13.04%、14.28%、14.94%和14.02%，不良贷款率分别为1.62%、2.37%、1.46%、1.52%和1.52%，全年实现净利润分别为2 791亿元、1 841亿元、1 841亿元、2 324亿元和672亿元，同比分别增长0.50%、1.82%、2.58%、1.53%和1.03%。农业银行三农金融事业部深化改革扎实推进，管理体制和运行机制不断完善，三农金融服务的能力和水平进一步提升。农业银行县域贷款余额3.18万亿元，比上年末增加3 173亿元，增长11.09%，增速较农业银行整体贷款增速高1.47个百分点。交通银行稳步落实深化改革方案，按照方案要求完善公司治理机制，深化内部改革，进一步提升经营活力和效益。

其他金融机构改革持续推进。金融资产管理公司商业化转型工作取得积极进展，中国东方资产管理股份有限公司和中国长城资产管理股份有限公司分别于2016年10月和12月挂牌成立。中国邮政储蓄银行于9月完成首次公开发行股票并在香港上市。

专栏5 修订开发性金融机构、政策性银行章程

2014年12月，中国农业发展银行改革实施总体方案获批。2015年3月，国家开发银行深化改革方案和中国进出口银行改革实施总体方案获批。根据改革方案要求，中国人民银行牵头有关单位在深入开展调查研究的基础上加快推进章程修订工作。三家银行章程于2016年11月底获国务院批准同意。

章程修订主要遵循三条原则：一是坚持社会主义市场经济改革方向，以改革方案为指导，贯彻落实党中央、国务院对三家银行改革工作的总体要求，明确和细化改革方案提出的主要改革任务和措施；二是系统研究国际政策性金融机构立法或章程制定的理念、框架及内容，借鉴吸收有益经验；三是适应国家发展需要和经济金融改革要求，紧紧围绕服务国家战略，坚持政策性职能定位，坚持完善现代金融企业制度建设，建立可持续发展的体制机制。

修订后的章程明确了三家银行的组织架构、职责定位、业务范围、经营管理、资金来源、治理结构、风险管控和监督、信息披露等事项，主要包括以下内容：一是明确了三家银行的业务支持领域，特别是对现阶段重点领域和薄弱环节的支持。二是构建有利于科学决策和高效决策、更好地服务国家战略的治理结构。三是建立以资本充足率为主的约

束机制，加强风险管控和监督评价。

章程是规范三家银行组织和行为，确保有效履行职责，充分发挥开发性、政策性金融作用的重要制度性基础，有助于推动其进一步强化职能定位，坚持完善现代金融企业制度建设，建立可持续发展的体制机制，从而更好地发挥在稳增长、调结构、支持棚户区改造和基础设施建设、促进外贸发展、实施“走出去”战略等领域中的功能和作用。

（四）国内监管有效性持续提升，深度参与国际银行业监管改革

国内监管有效性持续提升。人民银行进一步完善宏观审慎政策框架，将差别准备金动态调整机制“升级”为宏观审慎评估（MPA），对金融机构的行为进行多维度引导，督促金融机构不断强化自律管理，保持审慎经营。并决定自2017年第一季度起将表外理财纳入宏观审慎评估的广义信贷指标，引导金融机构加强对表外业务风险的管理，更好地发挥宏观审慎框架的逆周期调节和结构引导作用。银监会借鉴国际金融监管改革成果，制定并印发《银行业金融机构全面风险管理指引》、《商业银行内部审计指引》等规范性文件，增强了银行体系应对风险的能力，监管有效性不断提升。相关监管部门分工合作，加强监测研判，切实防范信用风险和流动性风险，加强对资管业务和影子银行的审慎管理，不断增强监管的针对性和有效性。

深度参与国际银行业监管改革。人民银行、财政部和银监会等相关部门继续深度参与金融稳定理事会（FSB）和巴塞尔银行监管委员会（BCBS）的监管改革，稳妥推进相关标准和准则在中国的实施。继续推动国内G-SIBs成立危机管理小组、制定和更新恢复和处置计划、开展可处置性评估，加强有效处置机制建设。继续参与BCBS在商业银行信用风险、操作风险、杠杆率、资本下限等方面的监管改革，发布关于市场风险、银行账户利率风险、证券化、TLAC工具互持扣减等监管新规；进一步推进落实巴塞尔协议Ⅲ，构建与国际标准接轨的银行业监管框架，引导商业银行稳步实施资本、杠杆率和流动性监管新标准。

二、稳健性评估

资产质量下行压力趋缓。截至年末，银行业金融机构不良贷款余额2.19万

亿元，不良贷款率为1.91%，同比下降0.02个百分点。其中，商业银行不良贷款余额1.51万亿元，比上年末增加2 378亿元，已连续21个季度反弹；不良贷款率为1.74%，比上年末增加0.07个百分点，比上年少增0.35个百分点。银行业金融机构关注类贷款余额5.28万亿元，比上年末增加5 244亿元；关注类贷款率为4.6%，比上年末减少0.09个百分点（见图3–5）。银行业金融机构逾期贷款3.24万亿元，比上年末增加4 303亿元，增长15.33%，同比少增41.4个百分点；逾期贷款在贷款余额中占比2.87%，比上年末下降0.53个百分点；逾期90天以上贷款余额与不良贷款余额比值102.6%，比上年末上升7.97个百分点。商业银行拨备覆盖率176.4%，比上年末下降4.85个百分点；贷款拨备率3.08%，比上年末提高0.05个百分点。

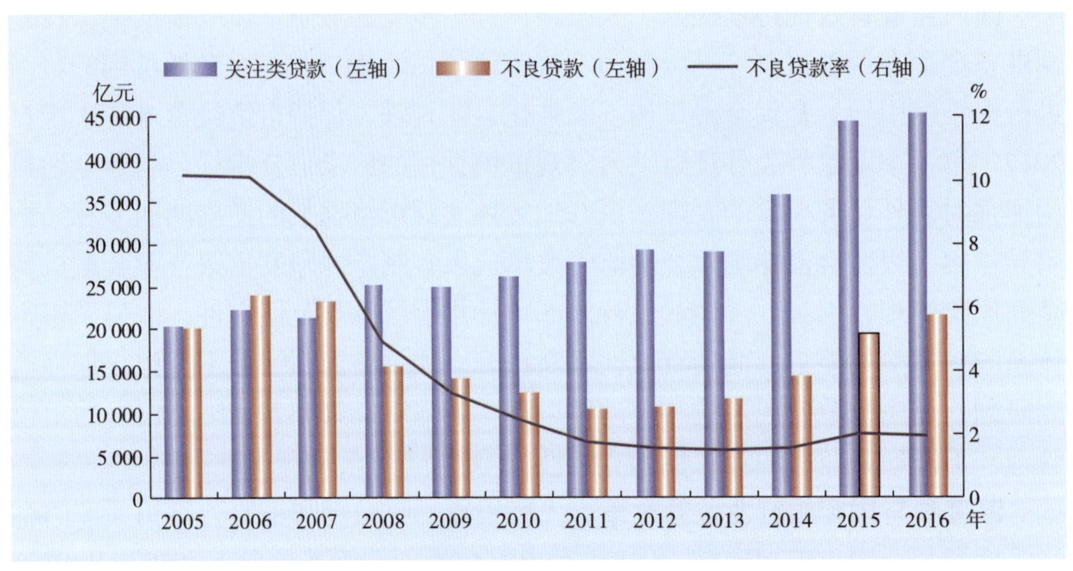

数据来源：中国银监会。

图3–5　银行业金融机构关注类贷款余额及不良贷款变化情况

资本充足率略有下降。截至年末，商业银行资本充足率13.28%，同比下降0.17个百分点，资本补充压力有所加大（见图3–6），核心一级资本充足率10.75%，比上年末下降0.16个百分点，核心一级资本净额占资本净额80.97%，比上年末下降0.13个百分点，资本质量处于较高水平。

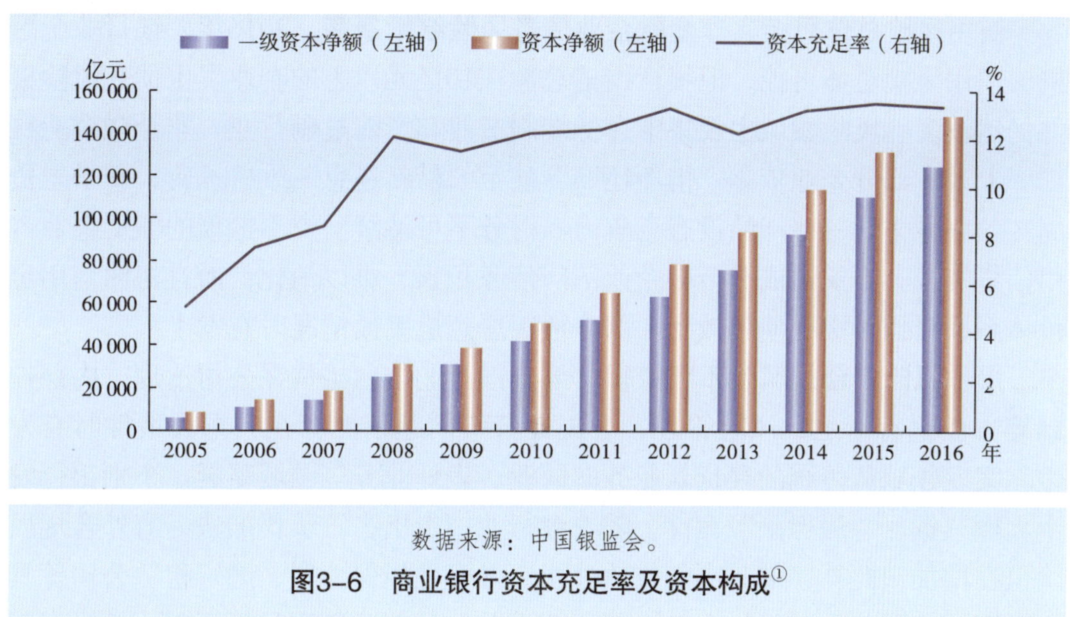

数据来源：中国银监会。

图3–6　商业银行资本充足率及资本构成①

利润增速继续放缓。2016年，银行业金融机构实现净利润2.07万亿元，同比增长3.65%，增速上升1.27个百分点。截至年末，银行业金融机构资产利润率0.96%，比上年末下降0.11个百分点，资本利润率12.61%，比上年末下降1.8个百分点。随着利率市场化的不断推进，存贷款利差缩小的趋势明显。截至年末，银行业金融机构净息差2.09%，同比下降0.38个百分点。非利息收入占比26.61%，同比下降2.02个百分点（见图3–7）。

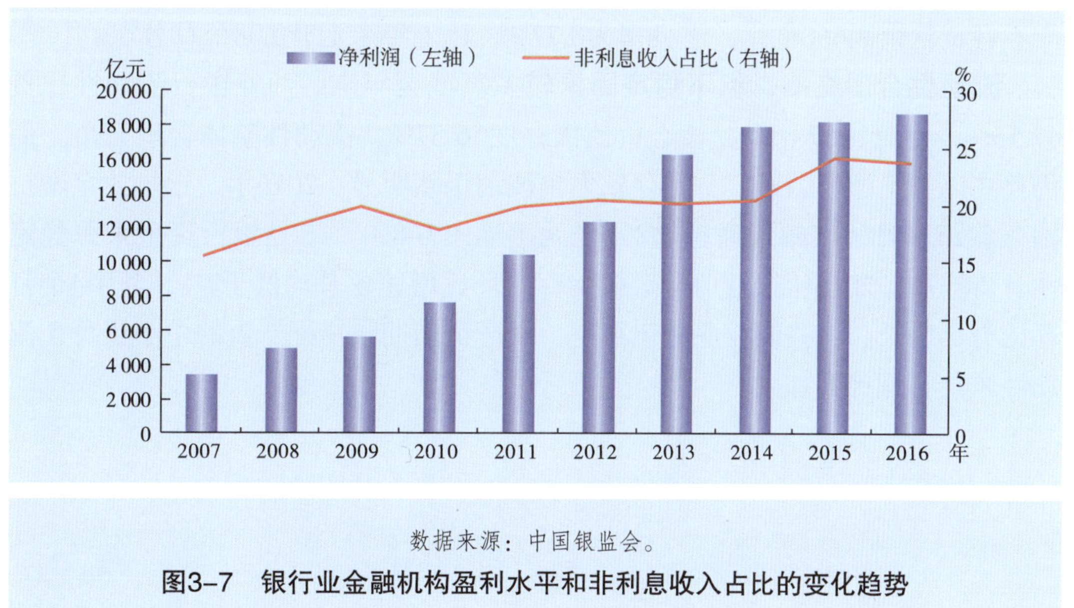

数据来源：中国银监会。

图3–7　银行业金融机构盈利水平和非利息收入占比的变化趋势

① 2013年开始，资本充足率按照巴塞尔协议Ⅲ规则计算。

信用风险总体可控，非金融企业债务风险继续暴露。2016年，银行业金融机构信用风险总体可控，但银行授信总额在10亿元以上的企业发生债务风险事件仍然较多，风险领域主要集中在低端制造业和产能过剩行业。非金融企业杠杆率上升，部分企业依靠“借新还旧”甚至“借新还息”维持经营，新增融资周转效率低下。一些产品没有竞争力、财务不可持续、资不抵债的僵尸企业占用信贷资源，不仅造成非金融企业部门债务积累、难以消化，而且扭曲信用定价体系、降低了资金使用效率。部分地区恶意逃废债情况时有发生。

操作风险、合规风险不容忽视。部分银行业金融机构在公司治理、内部控制等方面仍有不足，风险管理、合规经营等问题依然存在，重大案件时有发生，案发领域从传统的存贷款业务向同业、表外业务等领域蔓延。个别银行发生大额票据、“假保函”案件。随着银行业“走出去”步伐加快，海外合规风险也在增加。此外，部分小额贷款公司、融资性担保公司、融资租赁公司等具有融资功能的非金融机构由于内部管理不善、外部监管不足等原因，发生多起风险事件。

房地产市场出现局部泡沫风险。2016年，全国房地产市场继续分化，部分一、二线城市房价偏高、上涨过快，与居民家庭可支配收入增长差距拉大，呈泡沫化趋势，首付贷、房抵贷等产品与房价上涨相互强化，进一步助推房地产泡沫。新增信贷资源过于集中投放于房地产领域。截至12月末，银行业金融机构房地产贷款余额26.7万亿元，占各项贷款余额的25%，比上年末上升2.7个百分点；房地产贷款余额比年初增加5.7万亿元，占全部新增贷款的44.8%；房地产不良贷款余额660亿元，不良率为0.77%，比上年末上升0.08个百分点。

流动性合理充裕，但不稳定因素较多。截至年末，商业银行流动性比例47.55%，存贷比67.61%，核心负债依存度56.57%，流动性整体合理充裕。但仍存在以下不稳定因素。一是存款大幅波动仍然明显。2016年，银行业金融机构存款跨季月间波幅最高超过8万亿元（见图3-8）。二是银行资金来源稳定性有待提高。2016年银行业金融机构存款环比增速各月均低于7%，其中4个月环比为负增长。一些同业业务比重高、资产负债期限错配严重的中小银行，流动性风险管理难度加大。

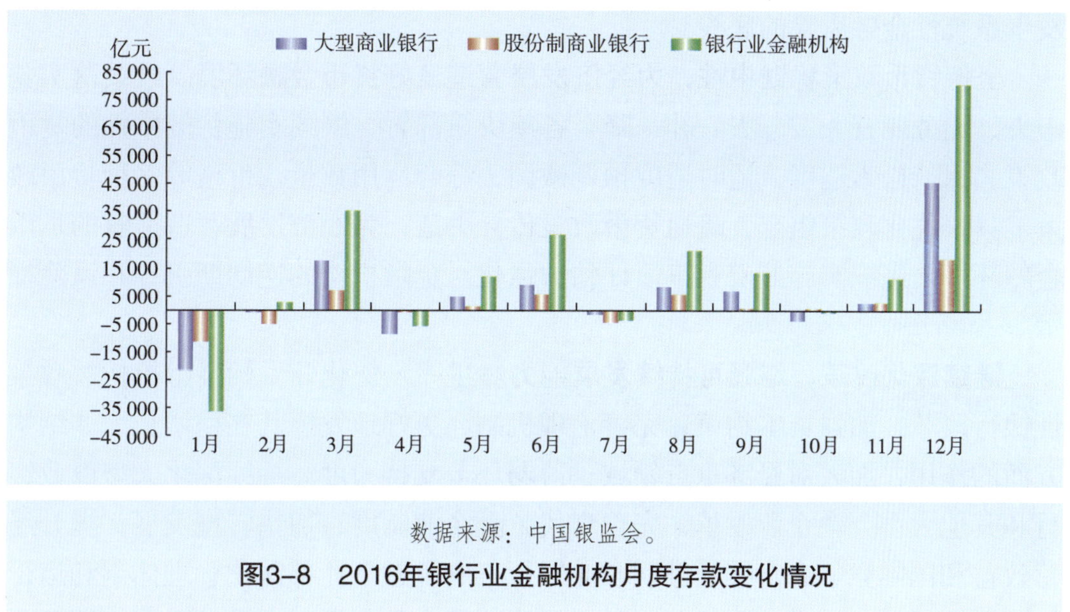

数据来源：中国银监会。

图3-8　2016年银行业金融机构月度存款变化情况

表外业务继续增长，风险隐患值得关注。截至年末，银行业金融机构表外业务余额253.52万亿元（含托管资产表外部分），表外资产规模相当于表内总资产规模的109.16%，比上年末提高12.04个百分点。其中，担保类19.03万亿元，承诺类16.08万亿元，金融资产服务类164.63万元。商业银行表外业务管理仍然较为薄弱，表内外风险可能出现交叉传染。

互联网金融及非法集资风险继续暴露。2016年，我国互联网金融和非法集资风险得到一定程度遏制，但相关风险事件仍在持续暴露。某些互联网金融业态偏离了正确的创新方向，部分机构风险意识、合规意识、消费者权益保护意识不强，反洗钱、反恐怖融资制度缺失，有些甚至打着"金融创新"的幌子进行非法集资、金融诈骗等违法犯罪活动。大量未取得金融牌照的机构开展理财等金融活动涉嫌非法集资，民间投融资中介机构、P2P网络借贷、农民合作社、房地产、私募基金等领域非法集资案件高发，养老机构、消费返利、地方交易场所等领域涉嫌非法集资问题逐步显现。比特币等特定虚拟商品吸引投资者跟风炒作也存在一定风险。

三、展望

2017年，经济金融稳定运行的基础还不牢固，经济下行压力依然较大，银行业面临的挑战和风险不容低估。银行业将继续坚持金融服务实体经济的本质要求，把防控风险放到更加重要的位置，全面做好各项风险防范工作，守住不发生系统性金融风险的底线。

坚持货币政策稳健中性，为经济发展营造良好货币金融环境。继续落实党中央、国务院有关“三去一补一降”各项决策部署，继续实施稳健中性的货币政策，保持松紧适度，适时适度预调微调，综合运用数量、价格等多种货币政策工具，优化政策组合，疏通货币政策传导渠道，为经济发展营造适宜的货币金融环境。组织实施好宏观审慎评估，强化对金融机构的逆周期引导和风险提示。

继续深化改革，增强可持续发展能力。进一步深化开发性金融机构、政策性银行改革，加强资本约束，完善治理机制，更好地发挥其在稳增长、调结构方面的作用，加大对经济重点领域、薄弱环节支持力度。继续深化大型商业银行和其他大型金融企业改革，完善现代金融企业制度，加快转型发展，提升经营效益和国际竞争力。继续推动农业银行三农金融事业部深化管理体制和运行机制改革，不断提高事业部服务县域经济的能力和水平。支持金融资产管理公司转型发展。

稳步推进金融创新，不断丰富银行业金融产品。创新商业银行资本补充工具，扩大转股型二级资本债发行规模。积极发展商业银行柜台债券业务，稳步扩大不良资产证券化试点范围。通过创新金融产品和金融服务形式，多渠道服务实体经济，推动科创企业投贷联动试点工作顺利开展。加强农村“两权”抵押贷款试点督导评估和总结宣传，助力农业供给侧结构性改革。

坚持底线思维，做好重点领域风险防控。把防控金融风险放到更重要的位置，重点关注银行业资产质量、流动性、同业业务、银行理财和表外业务等领域的风险，密切跟踪交叉性金融风险、房地产市场风险、地方政府融资平台风险、互联网金融风险和非法集资风险。防范民间金融和境外金融风险的冲击，重视海外合规风险管理。进一步完善宏观审慎政策框架，加强风险的预期管理，营造良好的风险防控社会环境。加大对重点领域风险的处置力度，加强协调合作和信息共享。完善存款保险制度功能，探索金融机构风险市场化处置机制。借鉴国际银行业监管改革成果，构建与国际标准接轨的银行业监管框架，继续完善银行业监管标准。

第四章

证券期货业

2016年，证券期货业市场主体稳健发展，监管力度不断加强，基础性制度建设进一步完善。下一步，需继续推动市场化改革，依法全面从严监管，增强证券期货经营机构风险防范能力和水平，继续深化双向开放。

一、运行状况

（一）市场主体发展稳健

上市公司数量稳步增长。截至2016年末，沪、深两市共有上市公司3 052家，较上年末增加225家，其中新股发行248家，退市23家。总市值和流通市值分别为50.77万亿元和39.34万亿元，同比分别减少4.44%和5.86%（见图4–1）。流通市值占总市值的77.45%，较上年末上升4.16个百分点。

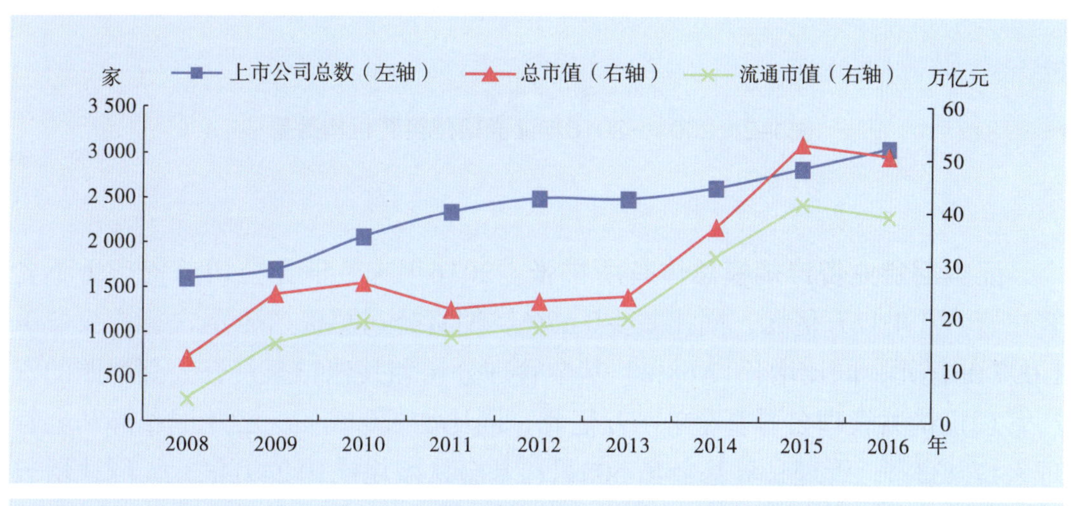

数据来源：中国证监会。

图4–1　2008—2016年上市公司数量和市值

"新三板"、区域性股权市场挂牌公司数量保持较快增速。2016年末，全国股转系统（"新三板"）挂牌公司总数达10 163家，新增5 034家；总股本达到8 509亿股，同比增长2.87倍；融资1 391亿元，同比增长14.39%。40家区域性股权市场共有挂牌股份公司1.59万家，展示企业5.61万家，累计为企业实现各类融资6 896亿元。

证券期货经营机构数量持续增加。2016年末，全国共有证券公司129家，较上年末新增5家；其中上市证券公司26家，新增2家。期货公司149家，较上年末减少1家。基金管理公司108家，较上年末新增7家（见图4-2）。

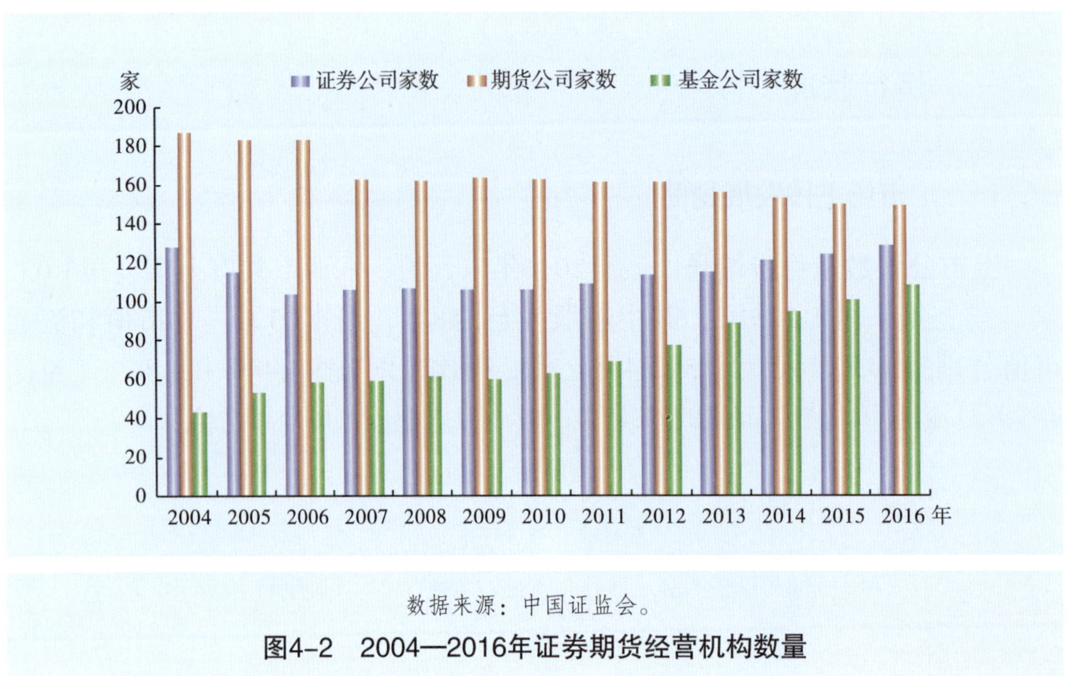

数据来源：中国证监会。

图4-2　2004—2016年证券期货经营机构数量

证券期货业资产规模总体有所扩张。2016年末，证券公司总资产（不含客户资产）4.37万亿元，同比减少0.68%。期货公司总资产（不含客户权益）1 097.06亿元，同比增长17.68%。基金管理公司和其他13家具有公募牌照的资产管理机构共管理公募基金9.16万亿元，同比增长9.70%。已登记私募基金管理人17 433家，管理私募基金46 505只；基金认缴规模10.24万亿元，同比增长100.78%。

证券期货经营机构创新业务继续发展。基金中基金（FOF）指引制定发布，支持公募基金FOF产品创新。期货公司风险管理子公司围绕实体企业风险管理需求积极开展了仓单服务、场外期权、基差交易等业务，稳步扩大“保险+期货”试点，推进交割仓库遴选工作，同时，加快棉纱、乙二醇、纸浆和20号标准橡胶期货的研发上市，服务实体经济风险管理需求能力有效提升。

机构投资者力量不断增强。截至2016年末，沪、深两市机构投资者持有的已上市流通股占A股流通市值比例达70.64%，较上年末增加0.46个百分点，连续7年保持在70%的水平以上（见图4-3）。

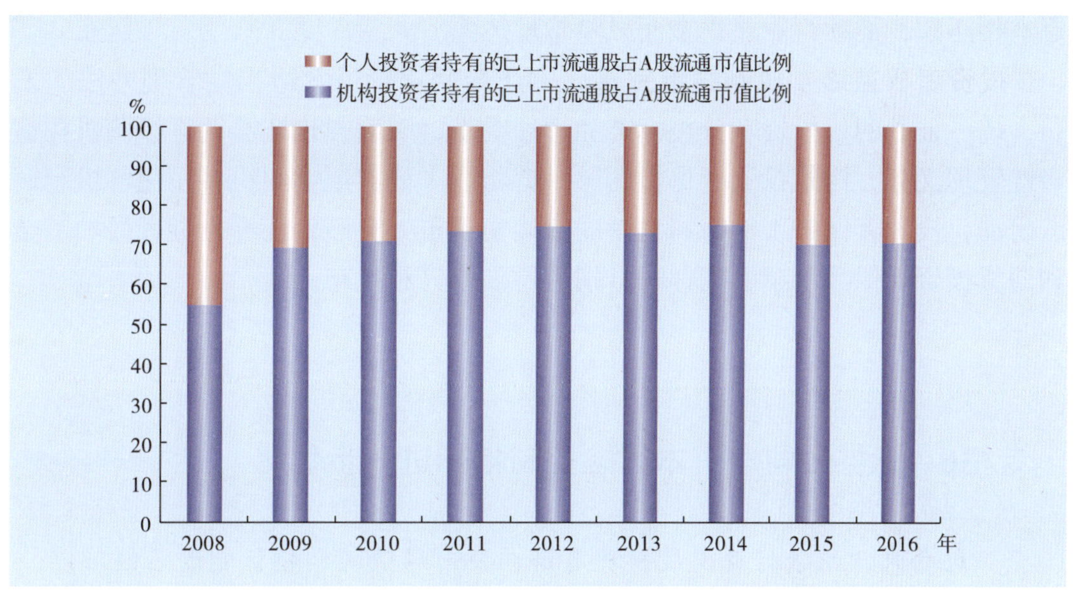

数据来源：中国证监会。

图4-3 2008—2016年机构和个人投资者持有的已上市流通股比例对比

（二）市场基础性制度建设持续深化

上市公司监管规则进一步优化。《上市公司股权激励管理办法》发布，强化信息披露监管，完善股权激励的参与条件、实施程序、决策程序等相关规定，赋予公司自治和灵活决策空间，加强事后监管、内部问责与监督处罚。《关于修改〈上市公司重大资产重组管理办法〉的决定》及配套规定发布，完善重组上市的认定标准，明确累计首次原则的期限，通过取消重组上市的配套融资、延长相关股东的股份锁定期、强化上市公司和中介机构责任等措施进一步规范上市公司重大资产重组，有利于促进市场估值体系的理性修复。

证券期货经营机构监管规则不断健全。《证券公司风险控制指标管理办法》修订并实施，进一步完善证券公司风险管理体系，实现风险管理全覆盖。《证券期货经营机构私募资产管理业务运作管理暂行规定》完成修订并发布，进一步明确监管的对象和范围，强化对违规宣传推介和销售、从事违法证券期货业务活动、损害投资者合法权益、开展“资金池”业务、实施过度激励等八项行为的禁止性规定。《基金管理公司子公司管理规定》完成修订并发布，初步构建了以净资本为核心的基金专户子公司风险控制指标体系，细化对子公司关联交易、利益冲突防范、固有资金运用等方面的监管要求。《基金管理公司特定客户资产管理子公司风险控制指标管理暂行规定》发布，将基金专户子公司开展的各类型业务统一纳入风控指标体系，保证各项业务规模均有相应的净资本相匹配，推动行业建立全面风险管理体系。

投资者权益维护机制稳步完善。《证券期货投资者适当性管理办法》发布，统一证券期货投资者分类标准和管理要求，明确强化证券期货经营机构适当性管理义务，构筑投资者保护的第一道防线。证券期货纠纷多元化解机制试点启动，投资者保护工作与司法制度衔接实现重大突破。证券投资者保护基金和期货投资者保障基金管理办法分别进行了修订和发布。

专栏6 证券公司净资本风险控制指标进一步优化

近年来，随着行业发展，现有证券公司风险控制指标制度已经难以适应新形势下风险管理的需要。因此，证券监管部门借鉴了巴塞尔协议Ⅲ及国际证监会组织（IOSCO）资本监管有关情况，立足行业发展，在总结反思股市异常波动经验教训的基础上，于2016年6月发布修订后的《证券公司风险控制指标管理办法》（以下简称《风控办法》）及配套规则，并于2016年10月1日正式实施。

《风控办法》的修订在维持总体框架不变的基础上，对不适应行业发展需要的具体规则进行调整。一是改进净资本、风险资本准备计算公式，提升资本质量和风险计量的针对性。将净资本区分为核心净资本和附属净资本，将金融资产的风险调整统一纳入风险资本准备计算，不再重复扣减净资本。将按业务类型计算整体风险资本准备的方式调整为按照风险类型分别计算。二是完善杠杆率指标，提高风险覆盖的完备性。将原有净资产比负债、净资本比负债两个杠杆控制指标，优化为核心净资本/表内外资产总额，并设定不低于8%的监管要求。三是新增流动性覆盖率和净稳定资金率两项流动性风险监管指标，强化资产负债的期限匹配。四是完善单一业务风控指标，提升指标的针对性。调整权益类证券计算口径、将衍生品区分权益类和非权益类衍生品，合并融资类业务计算口径等。五是明确逆周期调节机制，提升风险控制的有效性。监管部门可根据证券公司分类监管、行业风险和市场状况，对相关指标的具体计算比例进行动态调整。六是强化全面风险管理要求，将所有子公司纳入全面风险管理体系，强化分支机构风险管理，提升风险管理水平。

《风控办法》新规的发布意味着证券行业风险管理理念从“通过控制规模实现风险可控”向“强调风险水平与风险管理能力相匹配”转

化。下一步，要进一步加强监管部门间的沟通协调，推动同一类业务不同行业资本监管标准的协调一致，促进市场公平竞争，防范监管套利。进一步加强证券行业的宏观审慎管理，细化和明确逆周期风险调整机制，加强对国内系统重要性证券业机构的评估，研究推出资本附加监管要求。督促证券公司进一步提升全面风险管理水平，重点针对信用风险和流动性风险，建立多维度、多层级的风险预警体系，实现由业务发展主导型逐步向风险精细化管理转变。

（三）监管力度不断加强

行政审批制度改革进一步推进。取消公募基金管理人法定代表人、经营管理主要负责人和从事合规监管的负责人的选任或者改任审批，取消7项中介服务事项行政许可，统一证券基金业务许可证。

稽查执法和专项检查工作继续强化。2016年共受理违法违规有效线索603件，启动调查551件，启动调查率达到91%，创历史新高；新增立案案件302件，比前三年平均数量增长23%；新增涉外案件178件，同比增长24%；全年行政处罚决定数量和罚没款金额创历史新高，市场禁入人数达到历史峰值。在持续严打违法信息披露、内幕交易、操纵市场的同时，继续保持对超比例持股未披露、从业人员违规买卖股票等违法行为的打击力度。开展证券公司投行类业务检查工作，加大现场检查力度，全年开展2次全面检查，1次专项检查，对7家证券公司和23名责任人员采取行政监管措施。首次对证券期货交易所进行现场检查。

证券期货监管合作平稳运行。根据人民银行同证监会签订的《关于加强证券期货监管合作共同维护金融稳定的备忘录》，双方保持沟通，在共同打击证券期货违法违规活动、清理整顿各类交易场所、监测金融风险、保护投资者权益、处置突发风险事件等方面继续开展合作，有效弥补了监管不足，维护了金融稳定。

（四）资本市场双向开放取得新进展

《内地与香港股票市场交易互联互通机制若干规定》以及相关配套措施发布，“深港通”正式启动，促进香港与内地市场进一步互联互通。境内企业境外发行融资持续推进，全年15家企业首次公开发行H股，13家H股公司再融资，累计融资246亿美元。熊猫公司债试点启动，累计融资836亿元。交易所“走出去”取得积极进展，中欧交易所顺利运转。

二、稳健性评估

（一）部分上市公司盈利水平持续下降，经营压力值得关注

2016年，受国内产能过剩和需求结构升级矛盾突出，经济增长内生动力不足等多种因素影响，部分行业集中出现亏损，个别上市公司生产经营困难，债务负担较重，已近退市边缘。截至2017年4月30日，3 213家上市公司全部披露了年报，其中，亏损241家，占比7.50%，首次亏损163家，连续亏损78家。亏损公司主要集中于“化学原料及化学制品制造业”、“计算机、通信和其他电子设备制造业”、“专用设备制造业”以及“电气机械及器材制造业”等行业，其中，前三个行业也是2015年亏损公司较为集中的领域。

（二）证券公司整体经营稳健，个别证券公司内控不严出现风险事件

2016年，证券公司整体运营稳健，风险相对可控。截至年末，证券公司资产总额5.79万亿元，同比减少9.81%。净资产总额1.64万亿元，净资本总额1.47万亿元，同比分别增长13.10%和17.60%，连续三年保持增长。全行业平均来看，证券公司净资本与各项业务风险资本准备之和的比率为246.76%，较上年末下降462.09个百分点；负债与净资本比例为253.05%，较上年末下降143.46个百分点（见图4–4）。

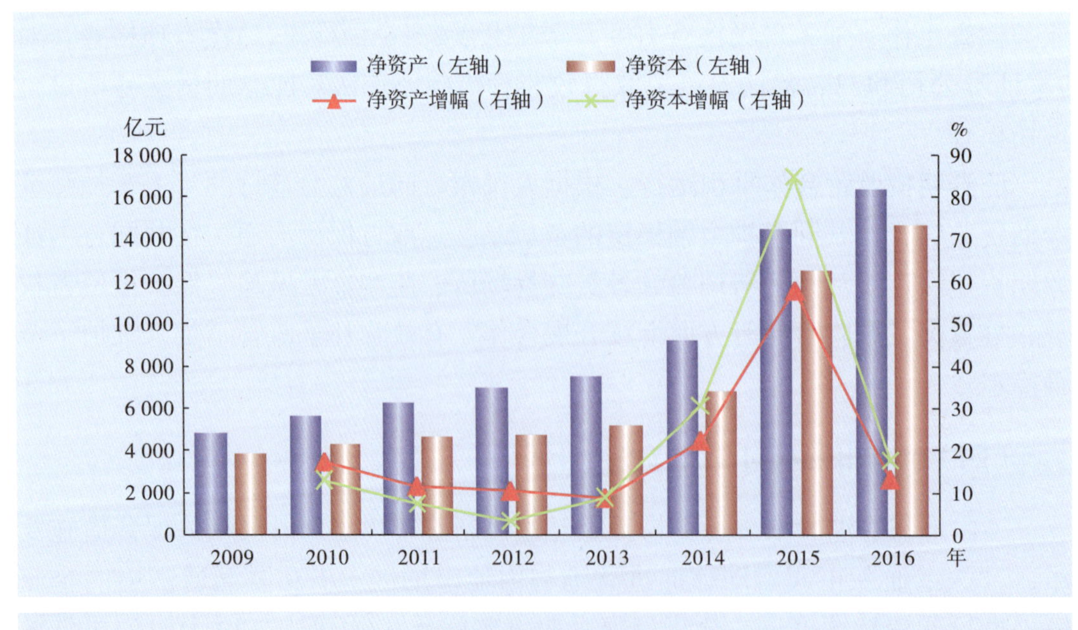

数据来源：中国证监会。

图4–4　2009—2016年证券公司净资产和净资本变化情况

受股票市场成交下降、市值下降、证券资产管理业务去杠杆等因素影响，证券公司盈利水平总体大幅下降。2016年全行业实现营业收入3 279.94亿元，同比减少42.97%。其中，代理买卖证券业务净收入（含席位租赁）1 052.95亿元，同比减少60.87%；证券承销与保荐业务净收入519.99亿元，同比增长24.32%；财务顾问业务净收入164.16亿元，同比增长19.02%；投资咨询业务净收入50.54亿元，同比增长12.86%；资产管理业务净收入296.46亿元，同比增长7.85%；证券投资收益（含公允价值变动）568.47亿元，同比减少59.78%；利息净收入381.79亿元，同比减少35.43%。从收入构成看，代理买卖证券业务净收入仍是证券公司主要的收入来源，所占比重由上年46.79%下降至32.10%。全行业实现净利润1 234.45亿元，同比减少49.57%（见图4–5）。

总体看，证券公司风控指标符合监管规定，风险可控。但也存在个别证券公司忽视合规和内控，通过暗箱手段隐蔽风险，实际承担的风险可能超过风控指标显示水平，也超过自身资本金的承担能力。在资本市场条件发生较大变化时，其内控风险的暴露，不仅导致自身面临较大的流动性问题，也引发风险向其他金融机构的传递，造成市场恐慌，削弱投资者信心。

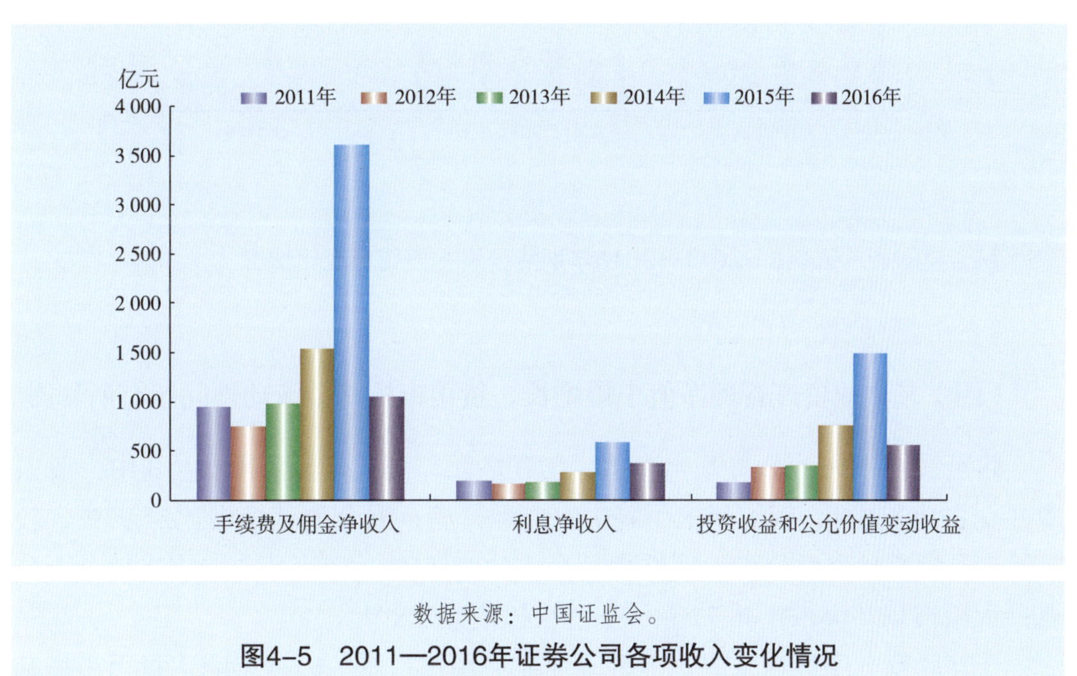

数据来源：中国证监会。

图4–5 2011—2016年证券公司各项收入变化情况

（三）期货公司总体发展平稳，业务多元化仍有所不足

截至2016年末，期货公司净资产911.53亿元，同比增长16.42%；净资本

687.71亿元，同比增长14.55%。代理的客户保证金总额4 342.35亿元，同比增长14.75%。净资本与客户权益总额的比率为15.82%，同比下降0.05个百分点。全年实现营业收入279.63亿元，同比增长14.30%；净利润65.67亿元，同比增长8.49%（见图4-6）。

在各类证券期货经营机构中，期货公司创新能力不强、收入来源单一、业务多元化不足的问题始终制约其进一步发展。全年期货公司手续费收入138.92亿元，利息净收入87.10亿元，在营业收入中占比高达49.68%和31.15%。

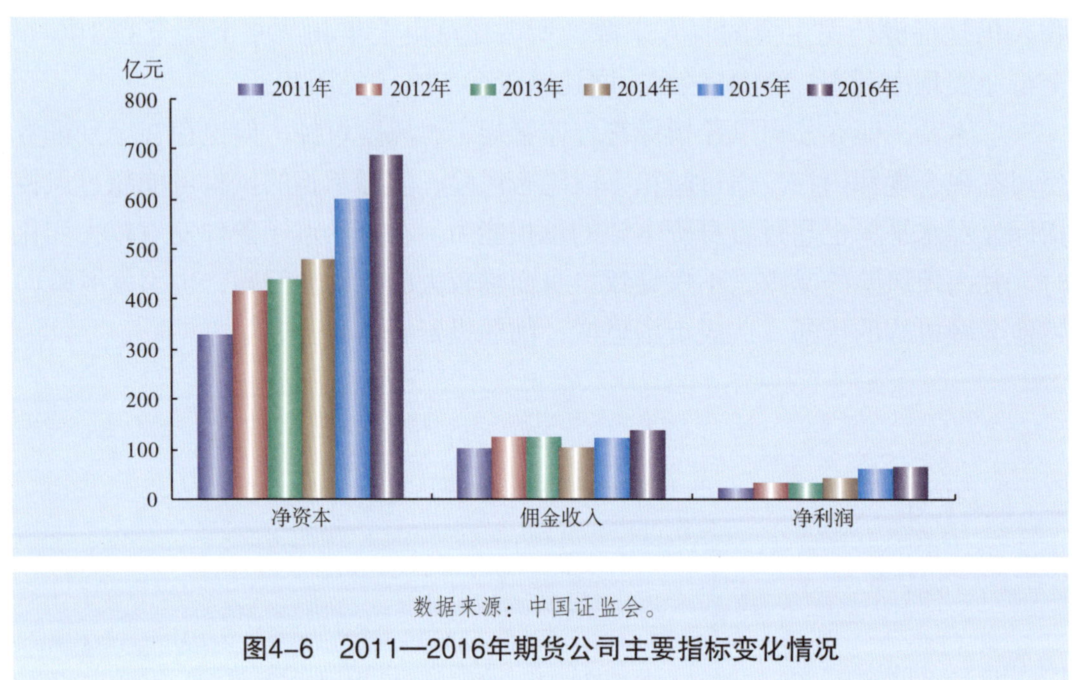

数据来源：中国证监会。

图4-6　2011—2016年期货公司主要指标变化情况

（四）基金业资产管理净值小幅增长，货币市场基金流动性问题有所暴露

截至2016年末，公募基金净值9.16万亿元，同比增长9.70%。其中，股票型基金占比7.71%，较上年末下降0.69个百分点；混合型基金占比21.93%，较上年末下降5.43个百分点；债券型基金占比15.55%，较上年末上升7.12个百分点；货币市场基金占比46.77%，较上年末下降8.08个百分点。

受互联网金融高速发展、金融同业业务快速扩张等因素影响，货币市场基金规模上升较快，从2012年初的3 000亿元升至2016年末的4.5万亿元，2015、2016年连续两年在全部公募基金中规模占比接近50%（见图4-7）。2016年，受债券市场信用风险事件等多种因素影响，货币市场基金面临较大流动性压力，也对其他金融市场资产价格形成了冲击。

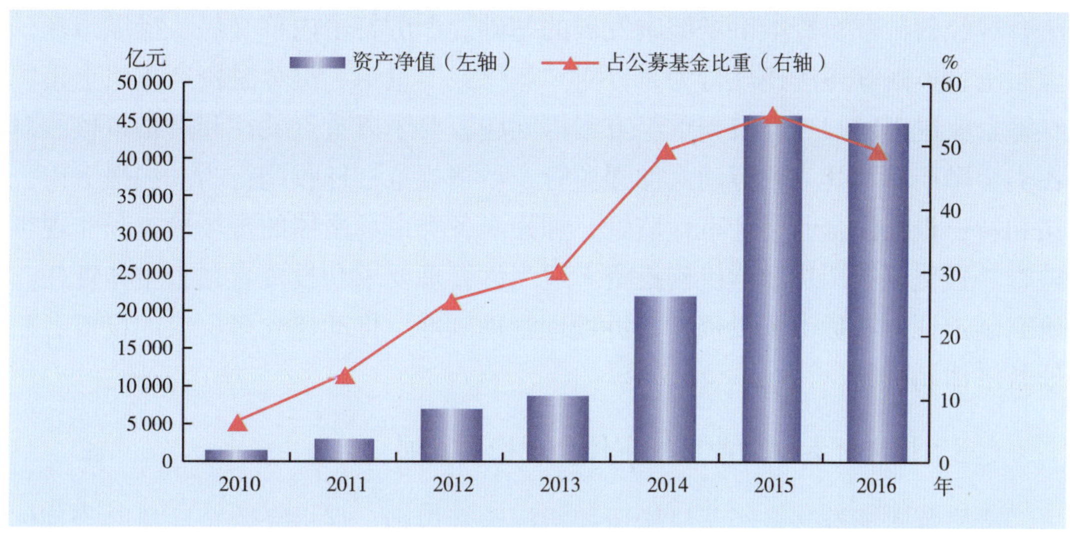

数据来源：Wind。

图4-7 2010—2016年货币市场基金资产净值和占公募基金比重

三、展望

2017年要把防控风险放在突出位置，坚持依法、全面、从严的监管思路，完善市场基础性制度建设，强化监管问责，切实保护投资者合法权益，督促证券期货经营机构依法合规稳健经营，不断提高证券期货业服务实体经济和社会发展的能力。

（一）继续完善市场基础性制度建设

切实做好《证券法》修订、“期货法”立法工作，推动私募基金条例、上市公司监管条例、新三板条例的出台，推动市场操纵、老鼠仓等刑事司法解释尽早出台，研究修改虚假陈述民事司法解释。建设证券期货市场立法管理系统与法规数据库系统。修改证券期货市场诚信监管办法。优化新股发行制度，严格落实保荐机构与保荐人的责任，规范发行审核工作，加大股权融资力度。完善上市公司并购重组制度，深化上市公司退出机制，强化市场约束，促进企业优胜劣汰，发挥资本市场资源优化配置的作用。

（二）依法全面从严监管，加强投资者保护

进一步加强监管，落实证券期货经营机构风险管控的主体责任，督促其依

法合规经营，夯实资本市场健康发展的基础。严厉打击内幕交易、操纵市场、虚假信息披露等违法违规行为，针对“忽悠式”重组、类金融资产重组上市、红筹企业退市回归、类借壳重组方案等问题，要予以重点关注和严格审核。对各类金融产品及其一致行动人加强监管，严格规范杠杆收购行为。加强上市公司和新三板挂牌企业会计审计监管，加强对各类市场主体的现场检查和非现场检查。强化证券期货经营机构投资者适当性管理要求和投资者教育主体责任。研究制定证券期货市场投资者投诉处理管理制度。推动建立多层次的投资者赔偿救济体制机制。

（三）促进证券期货业市场主体合规稳健发展

严格落实证券基金经营机构风控指标监管规则，促进完善全面风险管理体系，实现业务发展与风控能力相匹配。继续推动落实证券基金经营机构子公司管理规定和自律规则，清理规范存量子公司，完成对非持牌、非金融业务的清理整顿，着力推动行业突出主业。推动期货风险管理公司在场外市场的创新和探索，稳步开展“保险+期货”等期现结合的业务试点。

（四）持续深化资本市场对外开放

拓宽境内企业境外上市融资渠道，推进境外上市行政审批备案制改革和H股“全流通”试点工作。放宽QFII、RQFII市场准入，扩大投资范围，有序扩大与香港互联互通投资标的，稳步推进沪伦通，吸引境外机构投资者多渠道参与资本市场。修订《外资参股证券公司设立规则》，完善证券业对外开放制度安排。

第五章

保险业

2016年，保险业总体呈现较快发展态势。资产规模不断扩大，保费收入快速增长，改革深入推进，服务社会能力增强。当前国内外经济金融形势复杂多变，不确定因素增多。下一步，要全面深化改革，切实提高服务能力和水平，把防控风险放到更加重要的位置，推动保险业持续健康发展。

一、运行状况

（一）资产规模扩大，保费收入快速增长

截至2016年末，保险业总资产15.12万亿元，同比增长22.3%（见图5-1）。其中，财产险公司总资产2.4万亿元，同比增长28.5%；人身险公司总资产12.4万亿元，同比增长25.2%；再保险公司总资产2 338亿元，同比减少50%；资产管理公司总资产426亿元，同比增长21%。全年实现保费收入3.1万亿元，同比增长27.5%。其中，财产险保费收入8 724亿元，同比增长9.1%；寿险保费收入1.7万亿元，同比增长31.7%；健康险保费收入4 042亿元，同比增长67.7%；意外险保费收入750亿元，同比增长18%。

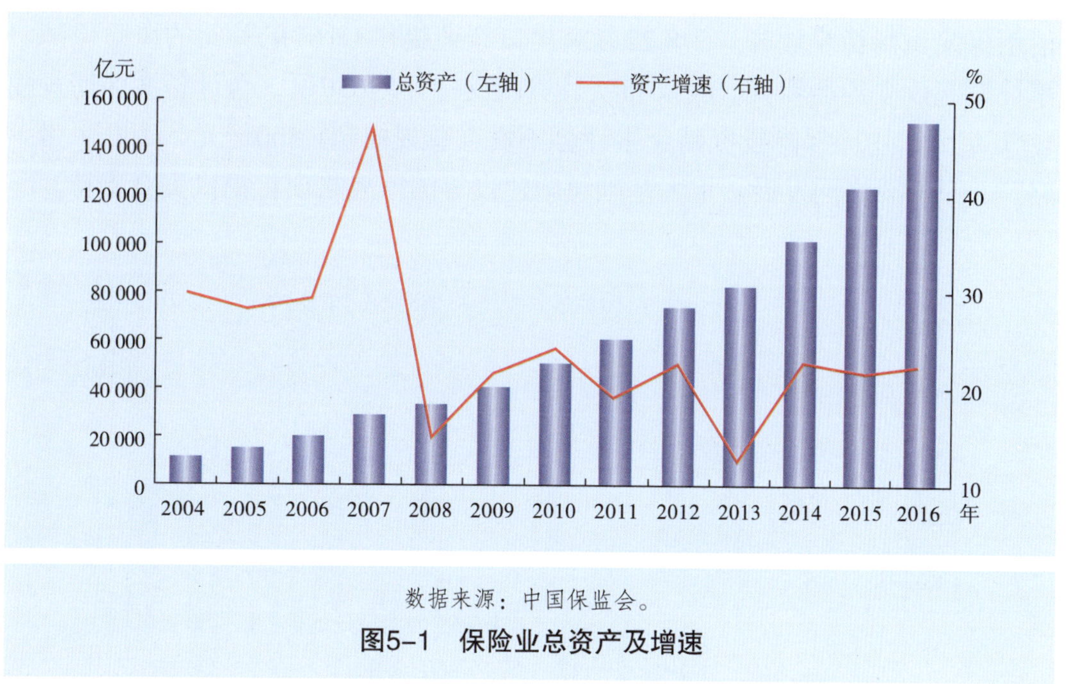

数据来源：中国保监会。

图5-1　保险业总资产及增速

（二）市场体系不断完善，对外开放呈现新格局

截至2016年末，全国共有保险机构203家，较年初增加9家。其中，保险集

团公司12家，新增1家；财产险公司79家，新增6家；人身险公司77家，新增1家；保险资产管理公司22家，新增1家；再保险公司9家；其他机构4家。优先支持中西部省份和贫困地区设立保险公司。开展相互保险试点，有序增加互联网保险公司，专业性保险公司占比明显上升。成立上海保险交易所，重点搭建国际再保险、国际航运保险、大宗保险项目招投标、特种风险分散的业务平台。推进双向开放，16个国家和地区的境外保险公司在我国设立56家外资保险机构，12家中资保险公司在境外设立38家保险类营业机构。

（三）风险保障功能发挥，服务社会经济发展能力增强

保险业为全社会提供风险保障2 373万亿元，同比增长38.1%，赔款与给付1.05万亿元，同比增长21.2%（见图5–2）。其中，农业保险保费收入417.7亿元，参保农户2.04亿户次，提供风险保障2.16万亿元，为4 575万户次农户支付赔款348亿元。大病保险在31个省市开展，由17家保险公司承办，覆盖9.7亿人，累计支付赔款301亿元，大病保险患者实际报销比例在基本医保的基础上提升了13.85%。城乡居民住宅地震巨灾保险制度正式实施，地震巨灾保险运营平台正式上线，出单数量合计18万笔，提供风险保障177.6亿元。企业年金受托服务覆盖5万家企业的1 042万名职工，受托管理资产4 855亿元。短期出口信用保险市场稳步放开，为8.22万家出口企业提供4 167亿美元的风险保障。累计发起设立各类债权、股权和项目资产支持计划659项，合计备案注册规模1.7万亿元，中国保险投资基金累计募集资金总规模超1 500亿元，为“一带一路”、京津冀协同发展、重大基础设施建设等国家战略项目提供资金支持。

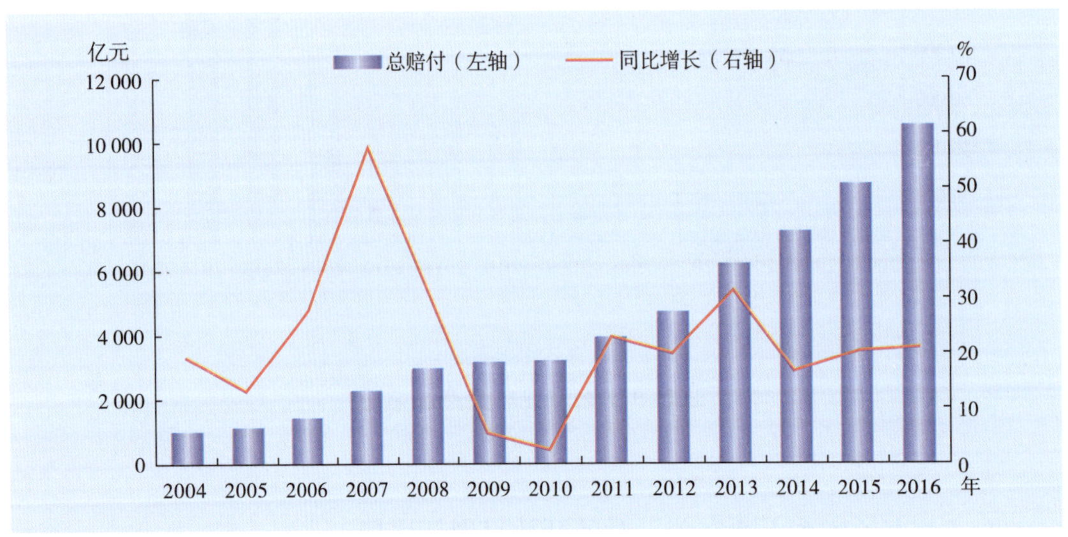

数据来源：中国保监会。

图5–2　保险业总赔付及增速

专栏7 巨灾保险制度建设加快

如何更好地应对巨灾风险，是世界各国面对的共同难题。鉴于巨灾保险制度在减少灾害损失、保障人民生命财产安全、减轻政府在防灾减损中的压力等方面的重要作用，越来越多的国家和地区都建立了巨灾保险制度，并将其作为巨灾风险管理体制的重要组成部分。

我国是全球自然灾害最为严重的国家之一，灾害损失呈明显上升趋势。长期以来，巨灾风险管理体制以政府为主体、以财政为支撑，辅之以社会捐助、慈善等社会力量，有助于高效、快速地调动全国资源和力量，加快灾后重建和生产生活恢复。但随着经济社会的发展及巨灾风险的日益严峻，现有的巨灾风险管理体系面临挑战和问题。政府负担不断加重，社会捐助具有不稳定性和不可持续性，保险业在应对巨灾方面发挥的作用滞后于现实需求。近八年来，我国因自然灾害造成的直接经济损失接近4万亿元，但巨灾保险赔付所占比例却一直很低，如汶川地震的保险赔付占实际经济损失的0.2%，远低于发达国家30%~40%的水平。

近年来，国家高度重视并鼓励巨灾保险发展，中共十八届三中全会和《国务院关于加快发展现代保险服务业的若干意见》均明确提出“建立巨灾保险制度”。近期发布的《中共中央 国务院关于推进防灾减灾救灾体制机制改革的意见》再次提出，加快巨灾保险制度建设，逐步形成财政支持下的多层次巨灾风险分散机制。2016年5月12日，保监会、财政部颁布《建立城乡居民住宅地震巨灾保险制度实施方案》，以地震巨灾保险为突破口，以“政府推动、市场运作、保障民生”原则，先行建立城乡居民住宅地震巨灾保险制度，标志着我国巨灾保险制度建设进入了实质性阶段。7月1日，城乡居民住宅地震巨灾保险产品正式销售，中国城乡居民住宅地震巨灾保险共同体承保，投保人、保险公司、再保险公司、地震巨灾保险专项准备金、财政支持等共同分担风险。12月26日，上海保险交易所上线巨灾保险平台系统，实现出单、结算等功能，为地震巨灾共同体提供承保理赔交易结算等一站式综合服务。

（四）“十三五”战略规划发布，市场化改革持续深化

《中国保险业发展“十三五”规划纲要》发布，提出到2020年，基本建成

保障全面、功能完善、安全稳健、诚信规范的现代保险服务业，使保险成为政府、企业、居民风险管理和财富管理的基本手段。商业车险费率条款管理制度改革在全国范围内推广，在保障范围扩大的同时，车均保费较改革前下降5.26%，商业第三者责任保险平均责任限额提升17.4%。农业保险产品改革继续深化，已有北京、江苏、四川等31个省市启动或制定了农产品价格保险试点方案，已有8家保险机构在12个省份开展"保险+期货"模式试点。继续深化人身险改革，提高产品保障水平，下调万能险责任准备金评估利率上限，规范万能险结算利率，将其与实际投资收益率实现全面挂钩。继续推进保险资金运用改革，放宽保险资金可投资基础设施的行业范围，增加政府和社会资本合作（PPP）的投资模式，明确保险资金可参与沪港通试点业务。深化在医疗、养老、健康、科技等产业链的发展，提升行业服务创新能力。

（五）监管体系建设推进，风险防控进一步强化

全面实施中国风险导向偿付能力体系（"偿二代"），进行偿二代风险综合评级，对偿付能力不达标和风险较大的公司采取监管措施；首次开展偿付能力风险管理评估，推动行业提升风险管理能力；强化信息披露，提高偿付能力信息透明度和市场约束力。截至2016年末，行业综合偿付能力充足率247%，远高于100%的达标线；达标公司的数量和规模占比均在99%以上。推进保险资金运用内部控制指引建设，针对未上市股权、不动产、金融产品、基础设施等制定具体准则，加强股票投资监管，规范保险机构与非保险一致行动人重大股票投资行为。加强满期给付、退保风险的监测预警和应急处置。加大风险排查力度，开展保险公司治理、关联交易和车险市场等检查，加强对保险资金运用风险以及人身险公司的万能险流动性、资产负债错配、利差损和销售误导等风险的排查，建立保险公司资产配置审慎性监管制度，清理规范保险资产管理公司通道类业务。加强股东股权、关联交易、重大投资等方面的信息披露，提高信息披露水平。

二、稳健性评估

（一）资金运用面临挑战，投资收益下滑

2016年，国内经济下行压力不减，市场环境复杂多变，信用风险、市场风险上升，优质投资项目减少，保险资金配置难度较大。保险业降低了银行存

款、债券投资等固定收益类配置比例，大幅增加另类投资。银行存款和债券投资占资金运用余额的比重分别为18.55%和32.15%，较上年分别下降3.23个和2.24个百分点；其他投资（主要是另类投资）占比36.02%，大幅上升7.37个百分点。全年保险资金运用收益7 071亿元，同比减少9.4%，平均收益率5.66%，虽较上年下滑1.9个百分点，但仍达到保险资金运用收益率十年平均水平（见图5-3）。

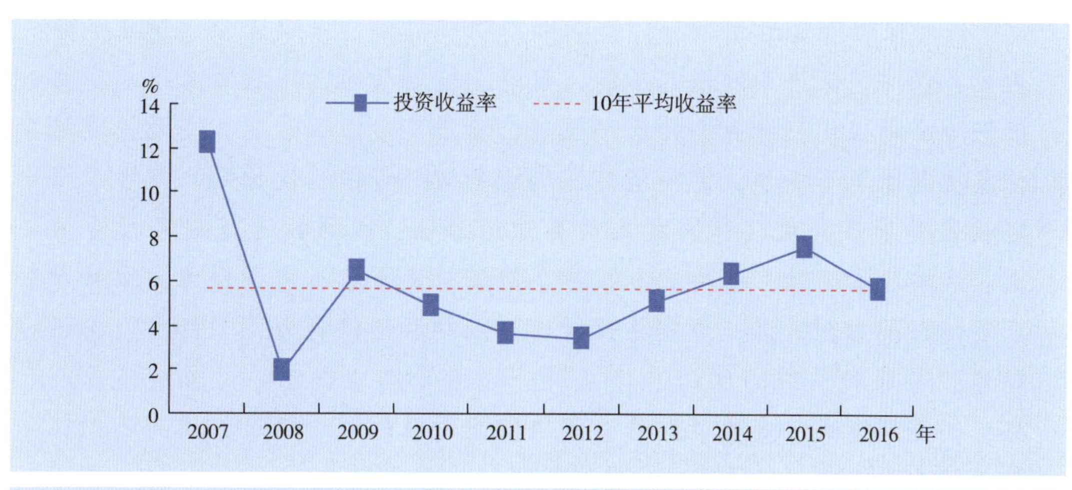

数据来源：中国保监会。

图5-3 保险资金运用平均收益率

专栏8 防范资金运用风险，促进保险业健康发展

近年来，保险公司另类投资和权益类投资等高风险资产投资力度加大，虽利于提升当前资金运用收益率，但也增加了投资风险。还有少数保险公司在资金运用中暴露出一些问题，需要高度关注。

在另类投资方面，我国正处于去产能、去杠杆的过程中，企业盈利能力下滑，投资意愿不强，投资项目收益率也有所下滑。基础设施项目的违约风险增加，信息披露不够，透明度较低。在权益投资方面，以中短存续期产品为主的少数保险公司过度依靠股票投资，投资风格激进，“短钱长配”严重，一旦所投资公司的股价大幅下跌，可能导致保险公司出现偿付能力不足风险。

在资金运用过程中，个别中小保险公司投资行为表面上符合监管规定，但交易结构复杂，产品层层嵌套，交易对手种类和数量很多，交易链条延长，底层资产难以看透，可能加剧风险跨行业、跨市场传递。还有个别大股东把保险公司作为融资平台，将大量资金投向控股股东或者其他关联方的资产，可能存在非正当关联交易、利益输送和利用保险资金自我注资、虚假增资等行为。

针对保险资金运用风险，监管部门明确提出，保险资金运用要服务主业，保障是保险业的根本功能，投资是辅助功能，不能舍本逐末。要求保险公司强化投资业务的内部控制、资产负债匹配管理、重大投资的信息披露等。下一步，需要坚持保险资金运用审慎稳健原则，投资以固定收益类资产为主、非固定收益类资产为辅，权益投资以财务投资为主、战略投资为辅。坚持长期投资、价值投资，做善意投资者，做好资产负债匹配管理。进一步完善投资比例限制和偿付能力监管标准。按照整体、关联和系统的理念，建立统一的监管信息平台，对多层嵌套产品，实施穿透式、实质性监管。坚决处置存在的风险隐患，处罚违规机构、问责责任人，守住不发生系统性风险的底线。

（二）财产险保费增长平稳，经营利润下降

2016年，财产险公司保费收入9 266亿元，同比增长10%，增幅比上年下降1.7个百分点。商业车险条款费率改革稳步推进，车险经营效益稳中有升。全国车险保费收入6 835亿元，同比增长10.3%；承保盈利59亿元，同比增加70.3%。但在宏观经济下行压力较大环境下，与经济景气度关联性较强的货运险、船舶险、企业财产险保费负增长。出口低迷及信用风险上升，信用保证保险保费同比减少4%。同时，市场竞争激烈程度加大，财产险公司综合成本率攀升，达到99.5%，比上年增加0.9个百分点，其中综合费用率上升1.3个百分点。虽然财产险公司投资收益同比增长9.6%，但全年税前利润同比减少26.4%，为576亿元（见图5–4）。

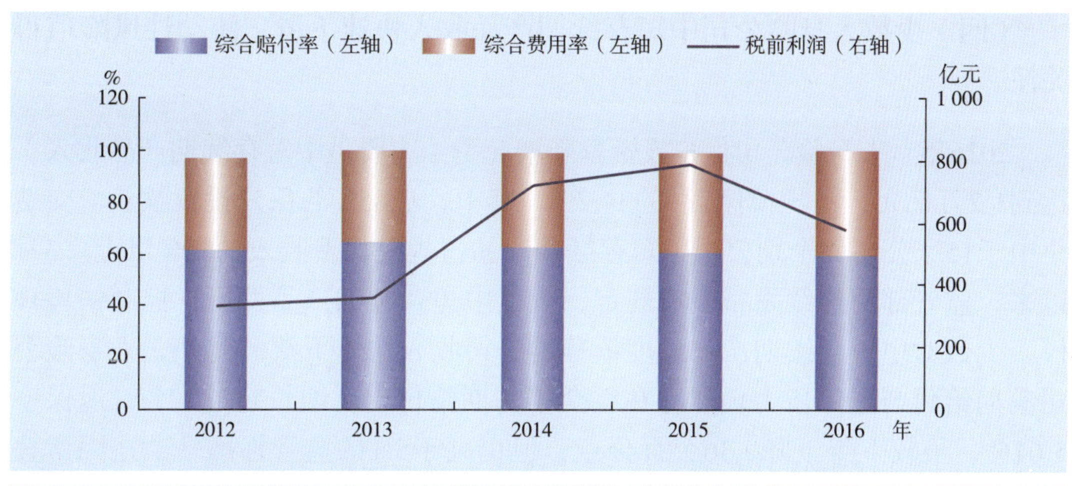

数据来源：中国保监会。

图5-4　财产险公司承保业绩及税前利润变化情况

（三）人身险业保费较快增长，经营利润同比下滑

2016年，人身险公司保费收入2.17万亿元，同比增长36.8%，比上年大幅提高11.8个百分点。受年初股票市场价格剧烈波动、全年市场利率较为低迷的影响，人身险业投资收入较上年明显下降，全年实现投资收益5 137亿元，同比减少8.1%。由于负债成本调整明显滞后于投资回报率下行，部分人身险公司投资收益与产品结算利率倒挂，存在一定利差损问题。同时，无风险利率的下行加大人身险公司准备金提取压力，行业盈利能力减弱，全年人身险公司税前利润1 104亿元，同比下降36.5%（见图5-5）。

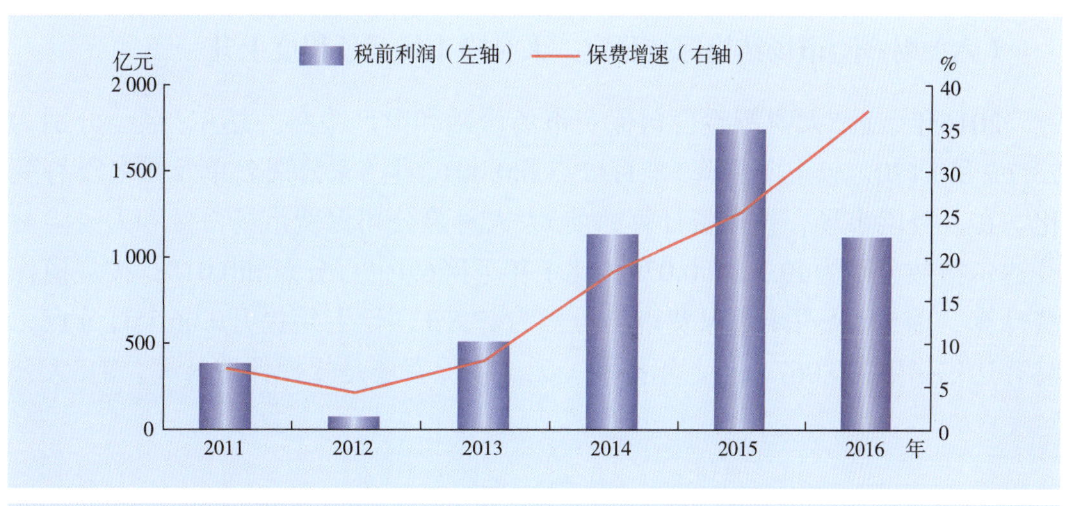

数据来源：中国保监会。

图5-5　近年来人身险公司税前利润及保费增速情况

（四）少数人身险公司中短存续期产品收入快速下滑，流动性风险值得关注

2016年，人身险公司保户投资款新增交费（主要是中短存续期产品收入）达到1.2万亿元，占规模保费[①]的34.2%。其中，近85%的保户投资款新增交费集中于15家公司，个别公司中短存续期产品占规模保费收入的90%以上。3月以来，监管部门连续发布多项规定，规范中短存续期产品发展，控制销售规模，少数对中短存续期产品过度依赖的公司收入快速下滑。此外，人身险公司满期给付与退保压力仍然存在，全年满期给付支付增长超过30%，退保率5.61%，虽较上年下降0.36个百分点，但仍高于5%的监管标准。上述因素叠加，导致少数人身险公司流动性风险明显上升。

（五）社会资本投资保险业持续升温，市场退出机制建设需加强

近年来，社会资本投资保险业的积极性不断增强，2016年共有20家公司（包括2家资产管理公司）获批筹建，数量创近年来新高，2017年1月又有5家公司获批。社会资本投资保险业有利于增强保险业实力，促进保险业发展，完善市场体系建设。但少数社会资本在投资保险业后，激进发展，盲目扩张，忽视行业发展规律，热衷于通过压价竞争快速扩大资产规模，利用保险资金开展资本运作，不但自身出现了保费充足性差、投资风险高、资本金消耗快、偿付能力不足的情况，还扰乱了市场秩序，增加了行业风险。2016年，保险监管部门否决了7家申请，推动设立保险并购基金，但目前，我国保险公司市场退出相关规定散见于多项法律法规之中，系统性和可操作性有待加强，需要进一步健全市场退出机制。

（六）财产险市场结构保持稳定，人身险市场竞争程度上升

2016年，前5大财产险公司保费市场份额和财产险赫芬达尔指数[②]分别为73.7%和0.170，较上年微降1个百分点和0.001，且5家公司名单及排名没有变化。在人身险市场，按保费计算，前5大人身险公司保费市场份额和人身险赫芬达尔指数分别为49.3%和0.079，比上年下降6.4个百分点和0.015；按规模保费计算，前5大公司规模保费市场份额为47.8%，比上年提升0.06个百分点；赫芬达尔指数为0.067，与上年持平。无论按保费还是规模保费计算，前5大公

① 规模保费指所有保险产品的实际销售收入，等于原保费（即保费）、保户投资款新增缴费、投连险独立账户新增缴费三项之和。

② 赫芬达尔指数（HHI）是行业内所有机构市场份额的平方和。HHI的值越高，说明市场集中度越高。

司名单和排名都出现了变化，各有一家新公司进入名单，3家公司排名发生变动。

（七）保险投诉量增速放缓，消费者保护需继续加强

2016年，保险监管部门接到有效投诉3.2万件，同比增长5.4%，比上年下降2.9个百分点。财产险公司平均每亿元保费和万张保单投诉量分别为1.08件和0.01件，比上年下降0.67件和0.03件。人身险公司平均每亿元保费和万张保单投诉量分别为0.43件和0.12件，比上年下降0.54件和0.09件。财产险投诉中，理赔/给付纠纷占总投诉量的3/4，其中车险理赔纠纷占比最高。人身险投诉中，承保纠纷、理赔/给付纠纷列前两位。

三、展望

2017年是实施“十三五”规划的重要一年和推进供给侧结构性改革的深化之年，保险业要始终坚持“保险姓保、监管姓监”，充分发挥保险保障功能，把防控风险放到更加重要的位置，提高风险防控的针对性和有效性，实现保险市场平稳健康运行。

（一）坚持“保险姓保”，优化保险供给结构和质量

主动适应经济转型升级的宏观环境，强化以风险保障为核心的市场定位，加大保障类产品和服务创新，优化保险供给结构，服务国家脱贫攻坚战略和实体经济发展。推动大病保险规范稳健运行，提升其承办质量和统筹层次。创新发展多种形式的商业养老健康保险产品，提高商业养老保险替代率，推进商业养老保险服务多层次养老保障体系建设。推动科技与保险结合创新试点，为企业自主创新技术升级提供风险保障。稳步放开短期出口信用保险市场，加大对高端装备制造、航空航天等领域的出口支持力度。推动环境污染、安全生产、医疗安全、校园安全等领域责任险发展。全面落实地震巨灾保险方案，推动地震巨灾保险专项准备金管理办法出台，将巨灾保险纳入国家综合防灾减灾体系，提高巨灾保险覆盖面。

（二）加快经营模式转变，提升风险管理能力

建立科学的发展理念和模式，降低对中短存续期产品的依赖，资金运用坚持以固定收益类业务为主、股权等非固定收益业务为辅，权益投资以财务投资

为主，战略投资为辅。建立权责界面清晰、有效制衡的公司治理和内部控制机制，强化大股东责任，提高公司治理的科学性和有效性。强化资本、成本和风险约束意识，加强全面风险管理体系建设。建立产品开发和投资运作的协调机制，在综合全面考虑投资能力和市场情况的基础上，制定审慎稳健的产品定价策略，降低对投资收益的高预期，努力做到资产负债在期限、收益、风险、流动性等方面相互匹配。

（三）深化市场化改革，推动行业可持续发展

有序推进条款费率改革，不断扩大保险公司的定价权，形成以示范条款为主体、创新条款为补充的多层次商业车险产品体系。进一步深化人身险费率市场化改革，稳步推进意外险定价机制改革。继续深化保险资金运用改革，支持保险资金创新运用形式，做友好投资人，更好地服务国家经济转型和产业结构调整，推动实体经济发展和去产能、债转股等供给侧结构性改革。开展市场体系改革，扩大相互保险、互联网保险、自保等领域的试点，提高保险供给的多元化和差异化，持续优化保险市场业务结构和区域布局，探索试点小微型保险机构、城市型保险机构。加强多层次市场退出机制建设，充分发挥市场约束的作用。

（四）切实加强监管，守住不发生系统性风险的底线

改进和加强偿付能力监管，不断完善偿付能力三个支柱的监管标准，强化资本约束，严查虚假注资、虚假增资等行为。完善公司治理监管，明确股东资质，严格关联交易监管，强化责任追究，实现穿透式监管，防止风险交叉传递。完善人身保险业务分级分类监管制度，推动实施内涵价值新标准，强化人身保险定价利率和结算利率监管，切实降低负债成本，有效防范利差损风险。加快建立保险资产负债管理监管体系，进一步科学划分和调整大类资产种类和比例，加强股权股票投资监管，提高境外投资能力标准。在规范和约束保险公司一致行动人行为、跨市场类资产管理产品发展、杠杆收购行为等方面，强化监管协调，形成监管合力，防止监管套利，切实防范系统性风险。

第六章

金融市场

2016年，金融市场整体运行稳健，市场规模继续扩大，参与主体进一步丰富，市场制度建设扎实推进，对外开放取得显著进展。金融市场在支持供给侧改革、满足实体经济融资需求等方面发挥了积极作用。

一、市场运行情况

（一）货币市场

货币市场交易规模再创历史新高，但增速有所下滑。2016年货币市场交易持续活跃，银行间市场信用拆借、回购交易成交总量697万亿元，同比增长33.6%，增速较上年降低65.6个百分点。其中，同业拆借累计成交95.9万亿元，同比增长49.4%；质押式回购累计成交568.3万亿元，同比增长31.4%；买断式回购累计成交33万亿元，同比增长30.3%。7天以内同业拆借成交93.25万亿元，占拆借成交总量的97.23%，较上年提高1.16个百分点；7天以内质押式回购成交547.99万亿元，占质押式回购成交总量的96.43%，较上年提高0.17个百分点。

货币市场利率波动加大，利率中枢抬升。前三季度，货币市场利率主要维持窄幅震荡格局，7天质押式回购利率主要围绕2.50%上下波动，10月下旬开始，货币市场利率中枢开始抬升，上行节奏加快。12月，银行间货币市场质押式回购月加权平均利率为2.56%，较上年同期上升61个基点（见图6–1）。

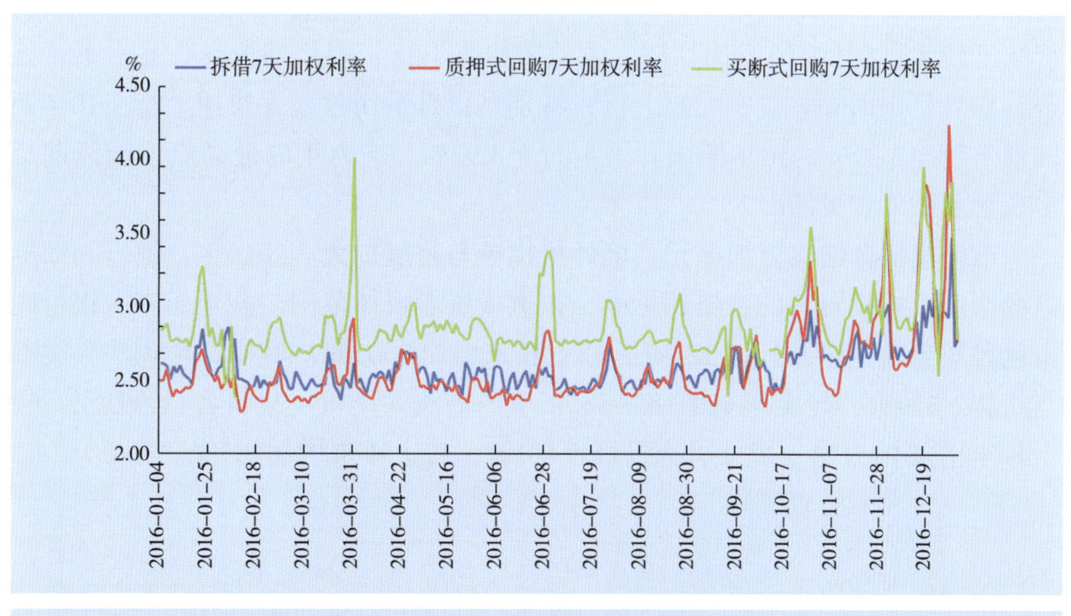

数据来源：中国人民银行。

图6–1　2016年货币市场利率走势图

（二）外汇市场

外汇市场成交持续活跃，人民币对外币挂牌币种增加。2016年，银行间外汇市场共成交16.97万亿美元，同比增长24.12%。其中，人民币外汇市场成交16.85万亿美元，同比增长24.36%；外币对市场成交1 159.44亿美元，同比下降3.55%。从产品结构看，外汇即期成交6.01万亿美元，同比增长21.76%；外汇衍生品成交10.96万亿美元，同比增长25.45%。人民币直接兑换币种进一步丰富，年内推出了人民币对南非兰特、韩元、沙特里亚尔、阿联酋迪拉姆、加拿大元、匈牙利福林、丹麦克朗、波兰兹罗提、墨西哥比索、瑞典克朗、土耳其里拉和挪威克朗等币种直接交易。

（三）债券市场

现券成交量同比大幅增长，债券指数有所上升。2016年，银行间市场现券累计成交127.1万亿元，日均成交5 063亿元，日均成交同比增长45.4%。交易所现券累计成交5.3万亿元，同比增长54.7%。截至年末，银行间市场债券指数174.44点，较年初上升1.9%；交易所市场国债指数达159.79点，较年初上升3.31%。

债券市场走势先强后弱，收益率整体上行。2016年，债券市场波动加大，国债收益率曲线整体上移。2016年末，1年、3年、5年、7年和10年期国债收益率曲线较2015年末分别上升35个、24个、15个、16个和19个基点。全年债券收益率走势可大致分为四个阶段：年初到4月初，国债收益率短端下行，长端震荡上行，收益率曲线陡峭化；4月中旬至6月初，收益率曲线整体上移，短端上行幅度较大；6月中旬至10月初，收益率稳步下行，中长期债券收益率下行显著；10月下旬债券收益率大幅上行，特别是11月下旬收益率快速上行，10年期国债上行至3.37%，10年期国开债上行至3.93%，均为年内最高点，国债期货多次触及跌停（见图6-2）。

市场投资者结构更加多元，境外机构参与程度加大。2016年，银行间债券市场明确机构投资者的合格性标准，拓宽投资者群体范围。截至年末，银行间市场各类参与主体共计14 127家，较上年末增加4 491家。其中，境内法人类参与机构2 329家，较上年末增加235家；境内非法人类机构投资者11 391家，较上年末增加4 151家；境外机构投资者407家，较上年末增加105家。

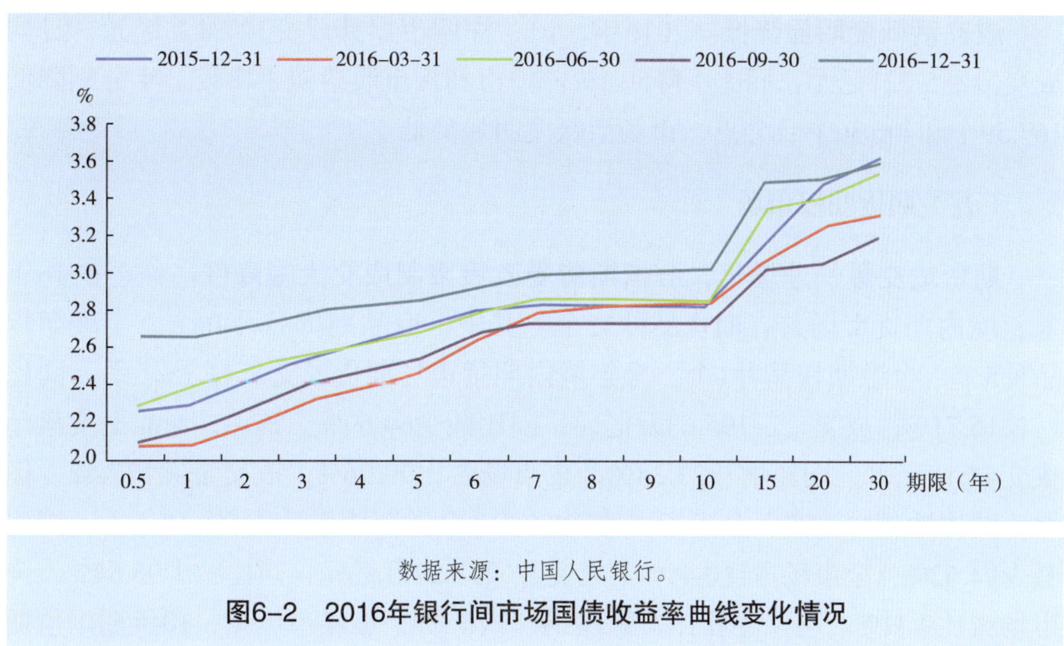

数据来源：中国人民银行。

图6-2 2016年银行间市场国债收益率曲线变化情况

（四）股票市场

股票市场在年初大幅波动后企稳。2016年1月，沪、深两市实行指数熔断机制，由于存在机制性缺陷，A股市场在实行熔断机制后的第一周即两次触发全天熔断，股票市场大幅快速下跌。2016年1月4~29日，上证综指下跌16.95%，深证成指下跌25.64%。随后沪深两市企稳反弹，截至年末，上证综指收于3 103.64点，较上年末下跌12.3%；深证成指收于10 177点，较上年末下跌19.6%。

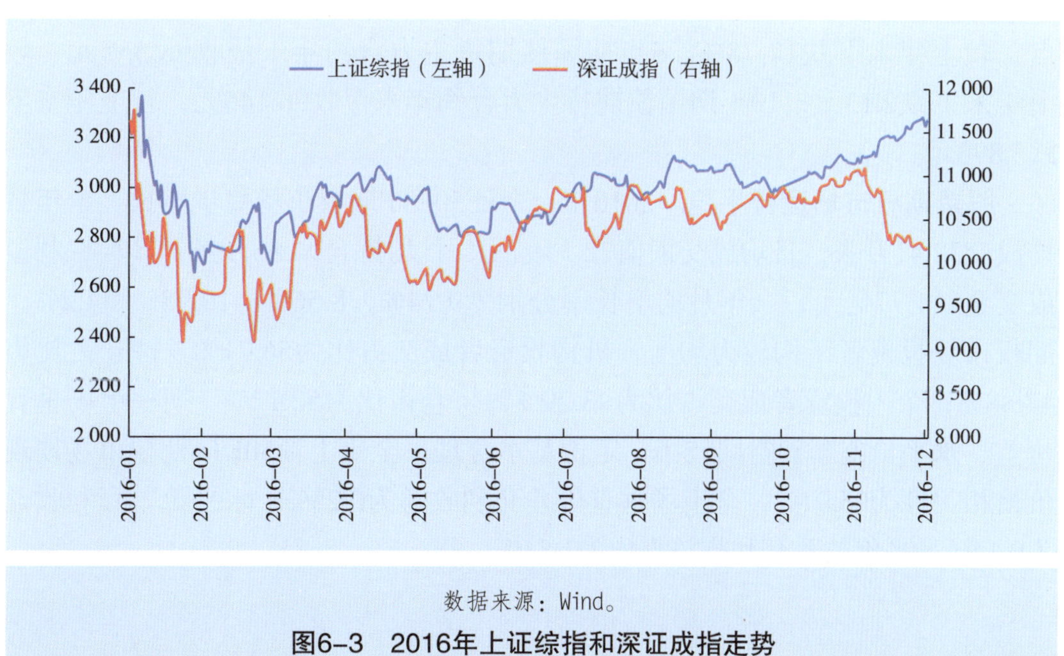

数据来源：Wind。

图6-3 2016年上证综指和深证成指走势

成交活跃度明显降低。2016年，沪、深两市累计成交127.4万亿元，日均成交金额5 221亿元，同比下降50.1%。沪市和深市股票换手率较上年分别降低167.59个和406.36个百分点，市场活跃度明显降低。

（五）期货期权市场

期货成交量快速增长，股指期货受政策限制成交大幅降低。截至2016年末，境内期货市场共有期货品种52个。其中，商品期货品种46个，金融期货品种5个，金融期权品种1个。全年境内期货市场期货成交量41.38亿手，同比增长15.71%；成交金额195.63万亿元，同比减少64.69%。其中，商品期货累计成交41.19亿手，同比增长27.34%，全市场占比99.56%，成交金额177.42万亿元，同比增长30.17%，全市场占比90.69%；金融期货累计成交0.18亿手，同比减少94.62%，全市场占比0.44%，成交金额18.22万亿元，同比减少95.64%，全市场占比9.31%。与上年相比，螺纹钢、铁矿石、焦煤、焦炭、10年期国债期货合约的成交量增幅较为明显。

商品期货价格大幅上涨，金融期货价格走势较为平稳。2016年，受大宗商品价格见底、需求提振以及供给侧结构性改革等因素影响，国内商品期货价格出现较大幅度上涨。截至年末，中国商品期货指数收于1 340.58点，较上年末上涨51.34%；农产品期货指数收于892.87点，较上年末上涨20.61%；工业品期货指数收于1 862.65点，较上年末上涨60.89%。股指期货价格走势和现货市场拟合较好，在年初经历大幅下跌后企稳。截至年末，上证50指数期货主力合约报收2 286.90点，较上年末下跌5.53%；沪深300指数期货主力合约报收3 310.08点，较上年末下跌11.28%；中证500指数期货主力合约报收6 263.63点，较上年末下跌17.78%。5年期国债期货主力合约年末报收98.555元，较上年末下跌2.13元；10年期国债期货主力合约年末报收96.145元，较上年末下跌3.890元。

股票期权市场运行平稳。2016年，上证50ETF期权市场稳步增长。全年日均成交32.41万张，日均成交面值72.34亿元，日均持仓94.86万张，日均权利金成交金额1.77亿元，全年月均增长率分别为9.74%、8.56%、10.98%和4.2%。期权市场投资者结构较为均衡，机构投资者成交占比为56.71%，持仓占比为47.88%，个人投资者成交占比为43.29%，持仓占比为52.12%。期权市场垂直价差、水平价差套利空间较小，定价基本合理。全年上证50ETF期权市场期现价格相关性为96.91%，全市场垂直价差套利收益为0.25%、水平价差套利收益为0.14%、平价关系套利收益平均为1.83%。

（六）票据市场

票据市场利率先下后上。2016年，金融机构累计贴现84.5万亿元，同比下降17.2%；期末贴现余额5.5万亿元，同比增长19.6%。票据融资增长放缓，年末比年初增加8 946亿元，同比少增7 684亿元。期末票据融资余额占各项贷款比重5.1%，同比上升0.2个百分点。前三季度银行体系流动性总体合理充裕、货币市场利率下降，票据市场利率稳中趋降。第四季度，受票据业务风险事件频出、票据监管持续升级、货币市场波动等因素影响，票据供求关系有所变化，市场利率上扬。

（七）人民币利率衍生品市场

人民币利率衍生品交易量继续增加。2016年，人民币利率互换市场达成交易87 849笔，同比增长35.5%；名义本金总额9.92万亿元，同比增长19.9%。从期限结构来看，1年及1年期以下交易最为活跃，名义本金总额达7.87万亿元，占总量的79.3%。从参考利率来看，人民币利率互换交易的浮动端参考利率主要包括7天回购定盘利率和Shibor，与之挂钩的利率互换交易名义本金占比分别为85.9%和13.8%。标准债券远期产品全年共成交8笔，成交量1亿元；标准利率衍生品成交8笔，名义本金总额8亿元。

（八）黄金市场

黄金价格大幅上行后回落，交易规模保持较快增长。2016年，黄金价格反弹后再度回落。国际黄金价格最高1 366.25美元/盎司，最低1 077.00美元/盎司，年末收于1 159.10美元/盎司，同比上涨9.12%。上海黄金交易所黄金Au9999最高价300元/克，最低价181.2元/克，年末收盘价263.9元/克，同比上升18.42%。上海黄金交易所全年黄金累计成交4.87万吨，同比增长42.88%；成交金额13.02万亿元，同比增长62.58%。国际板业务方面，上海黄金交易所国际板成交金额1.10万亿元，同比下降4.33%；国际会员成交量占国际板总成交量的40%，同比上升22个百分点。

二、市场融资情况

债券市场发行规模持续增加，第四季度增速有所放缓。2016年，债券市场共发行人民币债券35.6万亿元，同比增长55.5%。年末债券市场托管余额为63.8万亿元，同比增长30.8%。目前，银行间债券市场的发行人包括财政部、国家开发银行、政策性银行、中国铁路总公司、商业银行、非银行金融机构、国际开发机构、境内外非金融企业、境外金融机构及外国政府等各类主体，债券品种日趋多样化，信用层次进一步丰富（见图6–4）。

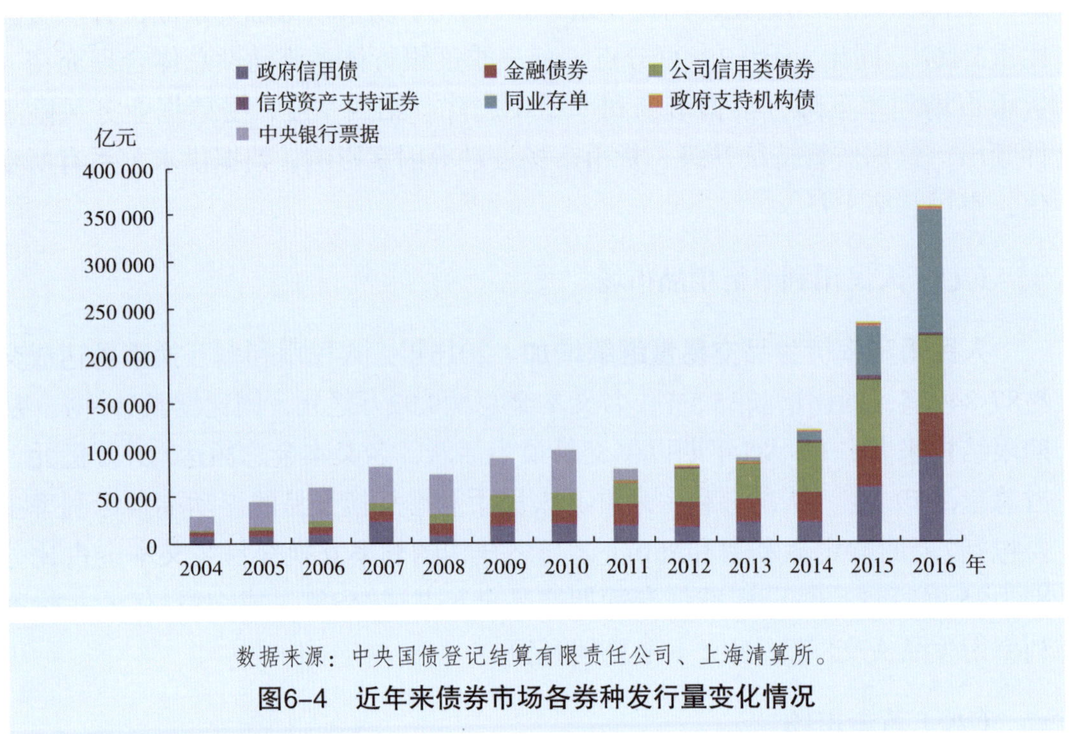

数据来源：中央国债登记结算有限责任公司、上海清算所。

图6–4　近年来债券市场各券种发行量变化情况

2016年，地方政府债、同业存单供给大幅增长，地方政府债发行6万亿元，较上年增长58%，同业存单发行13万亿元，是上年发行量的1.4倍。公司信用类债券发行平稳增长，其中，非金融企业债务融资工具发行5.14万亿元，同比下降5.5%；公司债发行2.34万亿元，同比增长203%；企业债发行7 326亿元，同比增长45.6%（见表6–1）。

表6-1　　2016年主要债券品种发行情况

债券品种	发行额（亿元）	同比增长（%）
中央政府债券	30 545	45.6
地方政府债券	60 458	58
中央银行票据	0	—
金融债券	182 152	78.4

续表

债券品种	发行额（亿元）	同比增长（%）
其中：国开行及政策性银行债	33 571	28.9
同业存单	129 731	144.7
公司信用类债券	82 242	22.4
其中：非金融企业债务融资工具	51 358	-5.5
企业债券	7 326	45.6
公司债券	23 372	203.2
国际机构债券	412	258.3
合计	355 892	55.5

资料来源：财政部、中国人民银行、国家发展和改革委员会、中国证券监督管理委员会、中央国债登记结算有限责任公司。

股票融资规模基本稳定。2016年，共有227家企业完成首发上市，较上年首发融资家数多7家，融资1 578.29亿元，较上年减少82.96亿元。据Wind统计，623家上市公司完成再融资发行，融资7 764.47亿元（不含资产注入），同比增长40.37%（见图6-3）。

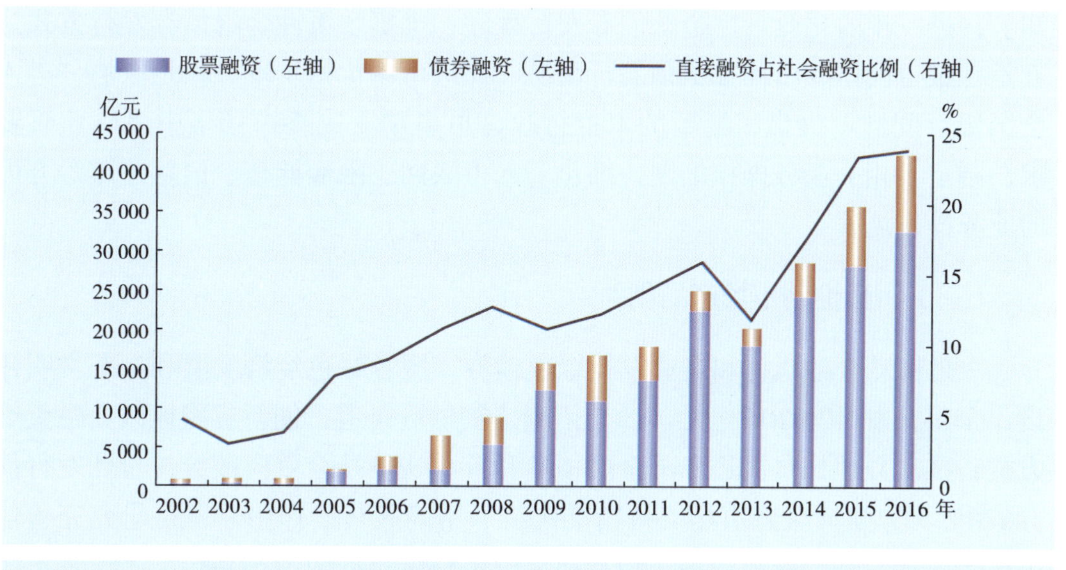

数据来源：中国人民银行。

图6-5 2002—2016年非金融企业直接融资规模及占社会融资规模比例

三、市场制度建设

（一）健全国债收益率曲线

丰富国债期限品种。加大短期国债发行频率，在公布关键期限和短端国债收益率曲线的基础上进一步健全国债收益率曲线长端，人民银行和财政部首次发布30年期国债收益率。建立国债做市支持机制，明确财政部在银行间债券市场运用随买、随卖等工具，支持银行间债券市场做市商对新发关键期限国债做市。国债做市支持操作以国债收益率曲线为基础，采用公开化、市场化的单一价格方式定价，有利于健全反映市场供求关系的国债收益率曲线。

（二）积极推动银行间市场发展

一是加强债券市场准入管理，明确机构投资者的合格性标准，拓宽投资者范围，优化备案、开户、联网流程，依法对相关业务开展进行检查，强调中介机构与自律组织监测与自律管理职责。二是完善了做市商管理制度，修订并实施了《银行间债券市场做市业务指引》和《银行间债券市场做市业务评价指标体系》。三是出台《全国银行间债券市场柜台业务管理办法》，丰富柜台债券开办机构类型，进一步扩大债券品种，并对柜台债券交易、托管、结算等进行规范。四是发布《关于完善开发性、政策性银行金融债券发行有关事宜的通知》，进一步简化政策性金融债券发行程序，丰富政策性金融债券发行方式。五是在银行间债券市场推出预发行交易，促进市场价格发现。六是取消“进入全国银行间同业拆借市场”的审批行政许可事项。完善市场事中事后监管要求，制定了相关业务操作细则，细化了入市联网、限额调整、信息披露等方面的业务操作流程。

（三）积极推动市场产品创新

一是推动金融机构和企业发行绿色债券，服务绿色经济发展和生态文明建设，全年共发行2 020.9亿元。二是拓宽扶贫融资渠道，创新贫困地区金融供给方式，推出异地扶贫搬迁专项金融债券和首单扶贫社会效应债券，总计发行债券676亿元，发挥金融市场支持精准扶贫、精确脱贫的作用。三是研究完善信用风险缓释工具，推出信用违约互换、信用联结票据两项产品。

（四）进一步规范票据市场

2015年以来，票据市场风险频出。为加强监管，人民银行与银监会联合印发《关于加强票据业务监管　促进票据市场健康发展的通知》，强化金融机构内控管理，规范票据交易行为，加大风险排查和监管力度。同时，结合票据市场发展实际，人民银行加强票据市场顶层设计，完善市场制度和基础设施建设。2016年12月，《票据交易管理办法》发布，取消票据贴现环节真实贸易背景审核、扩大票据市场交易主体、全面规范金融机构票据交易行为，有助于逐步形成以法人为参与主体的集约化市场组织形式，提升市场参与者风险防控水平。建设运行全国统一票据交易平台，成立上海票据交易所，推动实现所有纸质票据和电子票据的信息集中、交易、登记托管、清算结算，对市场参与者各项交易行为进行全流程监控，提高市场透明度和交易效率，从技术上体制上促进票据市场规范发展，有利于杜绝“一票多卖”“表外交易”等违规行为，降低操作风险。

（五）多层次资本市场改革发展取得新进展

深化新三板市场改革，实行市场分层，启动私募机构做市试点，扩大做市商范围，启动优先股试点。全年新三板挂牌公司突破1万家，完成2 603次定向发行，融资1 391亿元。积极推进区域性股权市场规范发展，研究新三板与区域性股权市场合作对接机制。目前，全国共设立40家区域性股权市场，有挂牌企业1.59万家，展示企业5.61万家，累计融资6 896亿元。2017年1月，《国务院办公厅关于规范发展区域性股权市场的通知》发布，明确区域性股权市场发展原则和定位，对于加强多层次资本市场建设有积极意义。

（六）稳步推进资本市场双向开放

一是稳步推进债券市场对外开放，进一步扩大熊猫债发行主体范围和规模，推动SDR债券成功发行，进一步扩大境外机构投资者主体范围。二是内地与香港股票市场进一步互联互通。正式启动“深港通”交易试点，同时完善“沪港通”交易试点，取消“沪港通”总额度限制。三是加大对港澳地区金融开放。落实《关于建立更紧密经贸关系的安排》（CEPA）补充协议，批设2家合资证券公司和1家合资基金管理公司。四是交易所“走出去”迈出新步伐。中欧交易所顺利运转，成功竞购巴基斯坦交易所部分股权。

专栏9　债券市场对外开放进一步扩大

近年来，随着人民币跨境和国际使用的领域和范围逐步扩大，我国债券市场对外开放稳步推进。

发行方面，2005年，人民银行与财政部等相关部门共同发布了《国际开发机构人民币债券发行管理暂行办法》，允许国际开发机构在境内发行人民币债券，国际金融公司和亚洲开发银行率先在银行间债券市场发行40亿元人民币债券。2013年，境外非金融机构在银行间债券市场人民币债券融资的渠道建立，戴姆勒股份公司在银行间债券市场发行人民币债务融资工具150亿元。2015年9月，香港上海汇丰银行有限公司和中国银行（香港）有限公司在银行间债券市场发行人民币债券。此后，加拿大不列颠哥伦比亚省、韩国、波兰政府等获准在银行间债券市场发行人民币债券。截至2016年末，我国债券市场境外发债主体已包括境外非金融企业、金融机构、国际开发机构以及外国政府等，累计发行631亿元人民币熊猫债。2016年8月，世界银行在银行间债券市场成功发行第一期特别提款权（SDR）计价债券，进一步丰富了我国债券市场交易品种，有利于促进债券市场的开放与发展，扩大SDR使用，增强国际货币体系的稳定性。

交易方面，境外机构投资银行间债券市场的主体范围和投资范围不断扩大。近年来，人民银行先后允许符合条件的境外央行或货币当局、主权财富基金、国际金融组织、人民币境外清算行和参加行、境外保险机构、RQFII和QFII进入银行间债券市场，开展债券现券、债券回购等多种业务。在2015年7月扩大对央行类机构开放程度的基础上，2016年，人民银行将境外投资主体范围进一步扩大至境外依法注册成立的各类金融机构及其发行的投资产品，以及养老基金等中长期机构投资者。截至2016年末，已有407家境外机构进入银行间债券市场，较上年末增加105家。

下一步，人民银行将继续稳妥推进债券市场对外开放，按照人民币国际化和资本项目可兑换的总体部署，加强统筹规划，把握好渐进可控、平衡效率与安全的原则，进一步推动境外机构到境内发债、境内机构到境外发债，为境外机构投资者投资银行间债券市场提供更大便利。

四、稳健性评估

2016年，中国金融市场总体运行平稳。2016年1月初，A股市场实施指数熔断机制，诱发A股市场在短期内大幅下跌，并将风险传递至其他金融市场，金融市场压力指数快速上升，之后有所回落。2016年末，债券市场、外汇市场波动较大，金融市场压力指数再次快速上升。全年看，金融市场压力指数总体仍处于中低压力状态，但个别时点金融市场压力状态明显提升（见图6-6）。

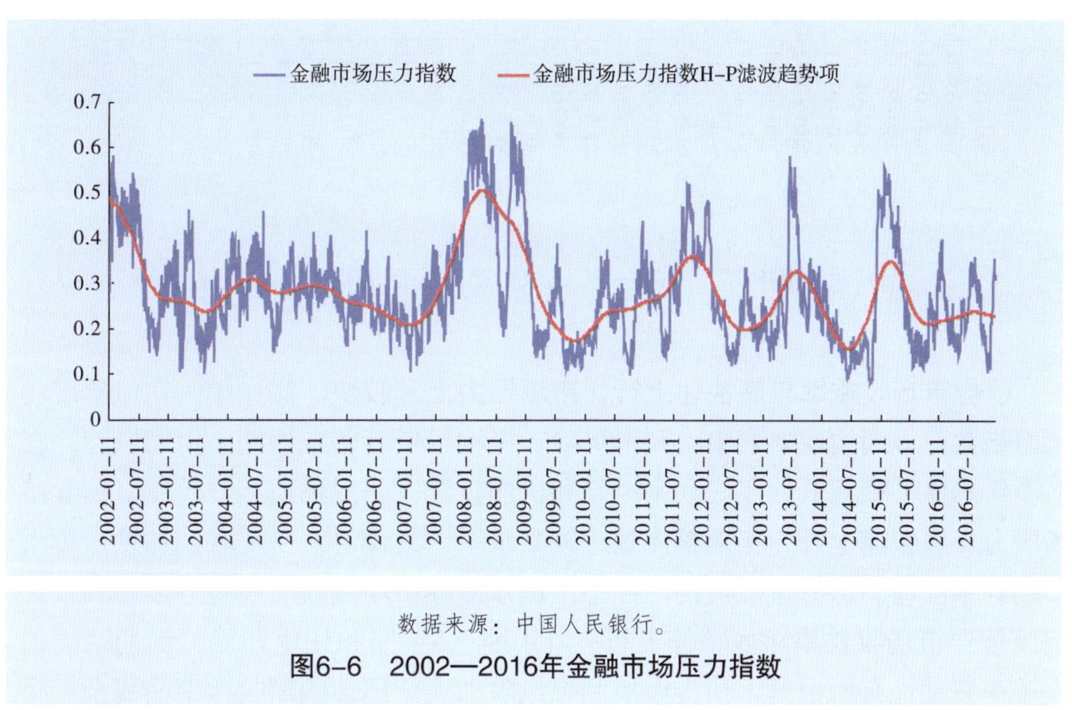

数据来源：中国人民银行。

图6-6　2002—2016年金融市场压力指数

货币市场利率中枢基本平稳、下半年波动加大，市场压力有所上升。2016年，货币市场流动性总量合理充裕，流动性供求大体平衡，货币市场利率中枢总体平稳，下半年呈现震荡上行趋势。截至年末，隔夜质押式回购、7天质押式回购加权平均利率、3个月Shibor分别为2.14%、2.71%和3.27%，较年初分别上升6.9个、24.9个和18.7个基点。从市场压力指数看，货币市场主要交易品种在下半年波动性有所上升，全年市场压力整体呈上升趋势，总体高于2015年水平，处于温和偏高水平（见图6-7）。

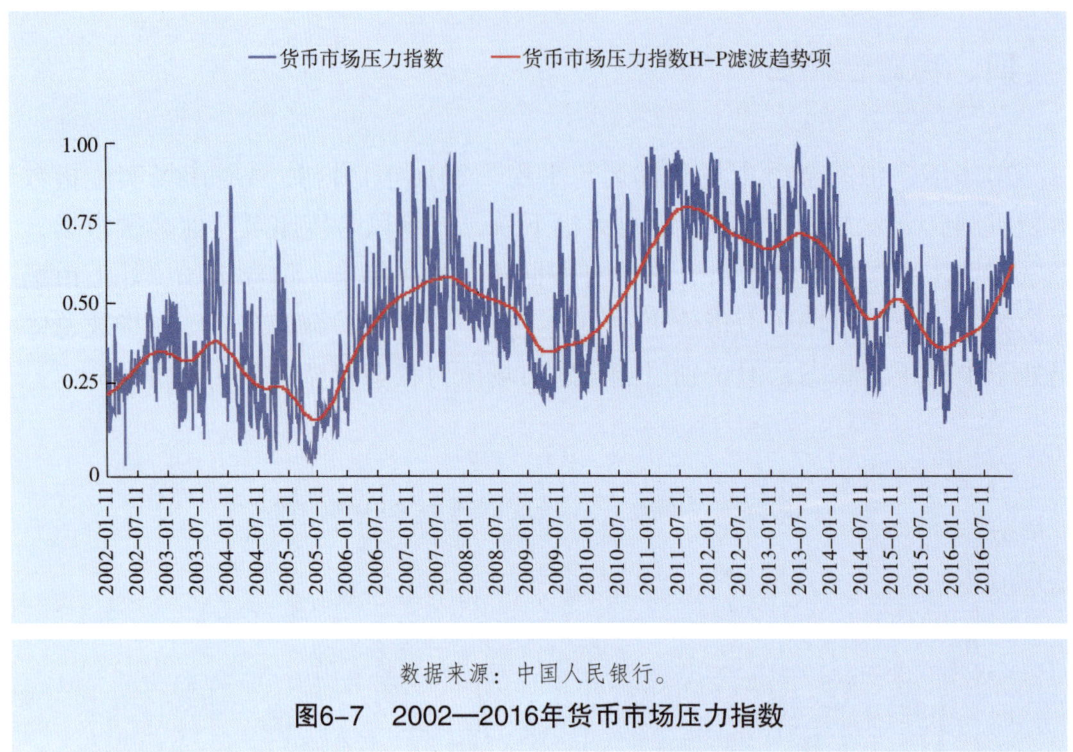

数据来源：中国人民银行。

图6-7　2002—2016年货币市场压力指数

债券市场收益率年底快速上行，市场压力上升较快。2016年，在债券市场压力指数三方面构成要素中，利率风险、机构投资者悲观预期、信用风险均在上半年总体平稳偏低，年底利率风险和机构投资者悲观预期上升较快，债券市场压力年底快速上升，年末整体处于较高水平。具体看，受美联储加息、货币市场利率波动、部分金融机构内控不严诱发债券市场流动性风险等多重因素影响，债券市场收益率年底整体上行；1年期、5年期和10年期等关键期限国债收益率波动性有所上升，债券市场利率风险加大。国债到期收益率曲线全年呈现平坦化趋势，1年期和10年期国债期限利差日均为58.49个基点，较上年平均水平82个基点下降23.52个基点，债券市场机构投资者对未来经济的悲观预期较上年有所加剧。1年期和5年期AA级中期票据与同期限国债的日均利差分别为121.4个和146.5个基点，较上年分别下行58.1个和57.1个基点，关键期限AA级中期票据与同期限国债利差（信用风险溢价）缩小，债券市场信用风险有所下降。但上述债券市场信用风险溢价可能包含了刚性兑付预期，债券市场信用风险可能被低估（见图6-8）。

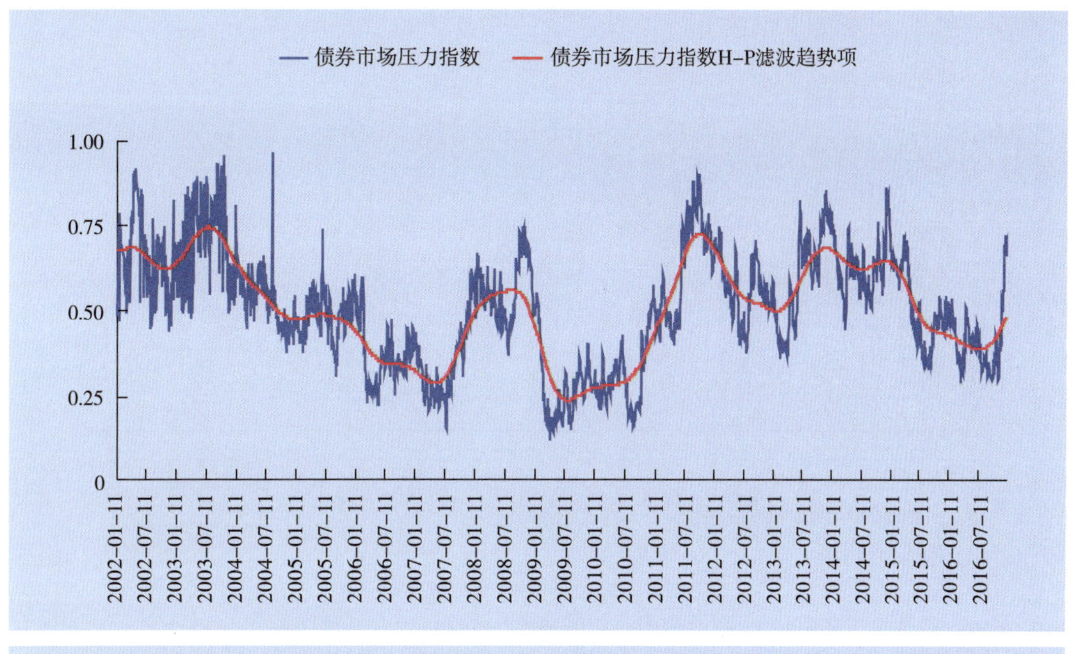

数据来源：中国人民银行。

图6-8　2002—2016年债券市场压力指数

股票市场在年初大幅波动后趋于平稳，全年市场压力呈下降趋势。2016年初，A股市场实施的指数熔断机制在1月4~7日四个交易日内，两次触发熔断至收市阈值导致1月4日、1月7日均提前收市。上海证券交易所、深圳证券交易所、中国金融期货交易所宣布自2016年1月8日起暂停指数熔断。A股市场在年初大幅下跌后企稳，1月间，上证综指跌16.95%、深证成指跌18.33%，2月至年末，上证综指涨15.43%、深证成指涨9.17%。从股票市场压力指数看，2016年A股市场波动风险从年初较高水平趋势性下降，下半年处于低位；估值风险全年处于中低水平，板块估值分化明显，大盘蓝筹股票估值显著低于中小板、创业板市场估值。截至年末，全部AB股、沪深300、中小板和创业板滚动市盈率分别为21.83倍、12.66倍、57.44倍和79.78倍，市净率分别为2.14倍、1.51倍、4.77倍和6.46倍。全年A股市场投资者悲观预期处于较高位。综合看，A股市场压力指数在经历年初较快上升后趋势性下降，年末有所上升，处于较温和水平（见图6-9）。

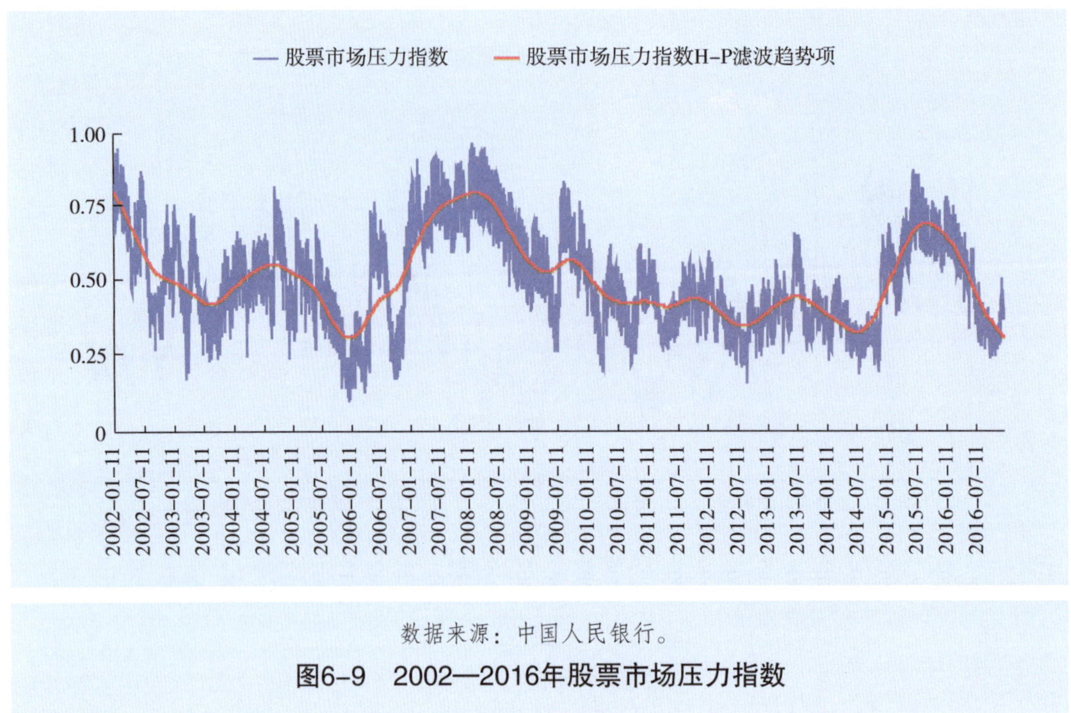

数据来源：中国人民银行。

图6-9　2002—2016年股票市场压力指数

人民币对美元小幅贬值，下半年外汇市场压力上升至较高水平但低于上年。2016年，人民币对美元汇率小幅贬值，双向浮动特征明显，汇率弹性明显增强，人民币对一篮子货币保持了基本稳定，人民币汇率预期总体平稳。截至年末，美元对人民币汇率在岸市场收盘价报1美元兑6.945元人民币，较上年末贬值4 513个基点，贬值幅度6.95%；美元对人民币汇率香港市场收盘价报1美元兑6.9761元人民币，较上年末贬值4 075个基点，贬值幅度6.2%。下半年人民币对美元即期汇率波动性显著增大，外汇市场波动风险有所上升；全年看，受供求等因素影响，在岸市场和离岸市场汇率差异有所增加。综合来看，下半年外汇市场压力快速上升至较高水平，但略低于上年压力水平（见图6-10）。

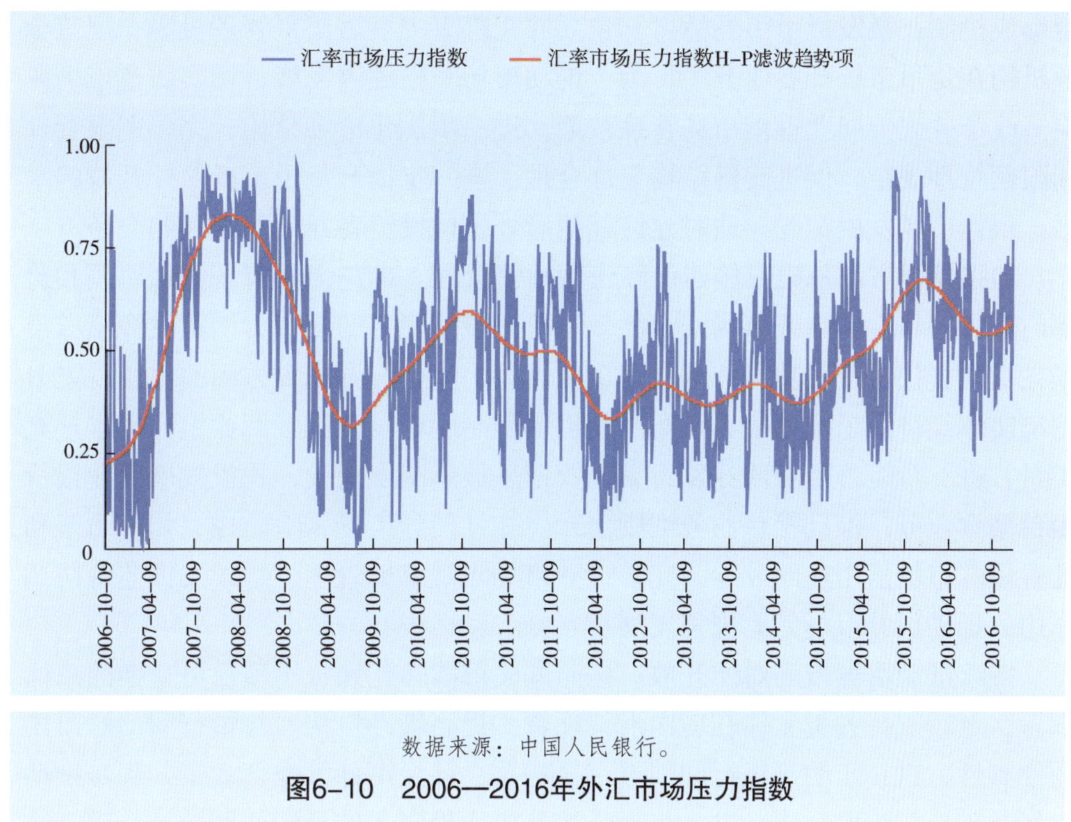

数据来源：中国人民银行。

图6-10 2006—2016年外汇市场压力指数

五、展望

2017年，要继续按照党中央、国务院的有关部署，坚持服务供给侧改革、服务实体经济的基本方向，进一步推进市场化改革，完善基础性制度，推动金融市场规范发展，促进金融市场在稳定经济增长、推动经济结构调整和转型升级、防范金融风险等方面继续发挥积极作用。

进一步推进利率市场化改革。提高金融资源配置效率，完善金融调控机制。从提高金融市场深度入手继续培育市场基准利率和完善国债收益率曲线，不断健全市场化的利率形成机制。探索利率走廊机制，增强利率调控能力，疏通央行政策利率向金融市场及实体经济的传导。进一步督促金融机构健全内控制度，增强自主合理定价能力和风险管理水平。加强对金融机构非理性定价行为的监督管理，发挥好市场利率定价自律机制的重要作用，采取有效方式激励约束利率定价行为，维护公平定价秩序。

继续推进货币市场的市场化改革和对外开放。进一步提高金融机构进入同业拆借市场联网交易的便利和效率。推动市场自律机制和透明度建设，完善定价形成机制，激发货币市场活力。建立并完善事中事后监督管理机制，规范金融机构在货币市场开展业务的行为，推动市场平稳健康发展，切实防范市场风险。改革并完善同业拆借市场管理政策，进一步优化市场结构，完善期限管理和限额管理规定，促进交易结构更加合理。进一步提升货币市场对外开放的水平，根据市场发展情况，适时允许其他境外机构投资者开展债券回购交易。

加强债券市场基础设施建设和宏观审慎管理。推进债券市场管理协调和跨部门监管协作，在保证市场安全高效运行和整体稳定的同时，切实发挥债券市场在提高直接融资比重、防范化解金融风险、优化资源配置方面的作用。紧紧围绕实体经济需求推动债券市场产品创新和制度建设，创新商业银行资本补充工具，进一步完善金融债券发行管理及信息披露制度建设，积极发展商业银行柜台债券业务，推动柜台业务细则出台。加强债券市场风险防控，积极防范和处置债券市场信用违约风险，完善债券市场宏观审慎管理，继续发挥监管协调作用，推动债券市场健康规范发展。

持续推动债券市场对外开放。按照人民币国际化和资本项目可兑换的总体部署，继续支持各类主体在境内发债融资，提高境外机构参与银行间债券市场的便利性，进一步明确银行间债券市场相关会计、审计等配套政策，稳步推动市场基础设施跨境合作，进一步增强境外机构投资者的投资便利性，全面、稳妥地推进银行间债券市场对外开放，并继续推动中国债券市场加入国际主要债券指数相关工作，以更好地发挥债券市场在"扩流入"方面的积极作用。

稳步推进多层次资本市场建设。进一步做大做强主板市场，优化新股发行制度，加大股权融资力度，优化资本市场融资结构，大力发展可转债、优先股等成本约束型资本融资工具。完善市场化并购重组和退出机制，发挥资本市场并购重组主渠道作用，支持企业通过并购重组整合资源，助力产业转型升级。进一步深化新三板市场改革，通过完善分层管理，把发行、交易、投资者准入和监管等各个方面的改革贯通起来，为众多挂牌企业提供差异化制度供给，激发市场的积极性。引导区域性股权市场规范发展，抓紧制订统一的区域性股权市场业务及监管规则，指导地方政府加强和改进日常监管，发挥区域性股权市场在满足区域内中小微企业融资和股份转让需求方面的重要作用。

加快发展外汇市场。坚持金融服务实体经济的原则，为基于实需原则的进出口企业提供汇率风险管理服务。支持人民币在跨境贸易和投资中的使用。推进人民币对其他货币直接交易市场发展，更好地为人民币的跨境使用服务。密切关注国际形势变化对资本流动的影响，完善对跨境资本流动的宏观审慎管理。

推动黄金市场规范健康发展。完善黄金市场产品体系，切实发挥黄金市场支持实体经济作用。健全黄金市场基础设施建设，完善询价市场做市商制度，构建中远期黄金基准价格体系，推动建立中央对手方清算机制，加强黄金市场技术系统建设，进一步提升我国黄金市场服务水平。继续推进黄金市场对外开放战略，进一步完善上海黄金交易所国际业务板块，积极发挥“上海金”人民币黄金定价机制作用，提高我国在国际黄金市场的影响力。推动健全金融机构黄金市场业务风险管控制度，防范市场风险。

稳妥推进期货及衍生品市场发展。继续深入论证和积极准备原油期货上市。择机上市白糖、豆粕期权。继续推进其他期货新品种上市。择机逐步退出股指期货临时性限制措施。积极发展国债期货市场，丰富投资者结构，夯实健全反映市场化供求关系的国债收益率曲线的基础。丰富ETF期权品种，继续推进股指期权上市准备。

规范发展地方各类交易场所。督促地方各类交易场所严格按照《国务院关于清理整顿各类交易场所　切实防范金融风险的决定》《国务院办公厅关于清理整顿各类交易场所的实施意见》进行整改规范，加大对涉嫌违法经营的交易场所及经营机构的处罚力度，依法严惩违法犯罪行为。建立健全地方各类交易场所持续健康发展的长效机制，加强政策指导和监督，引导其牢固树立服务实体经济的理念，防止投机炒作。

第七章

金融基础设施

2016年，我国金融基础设施建设取得新的进展，支付、清算和结算体系不断完善，金融法律法规不断健全，会计标准建设继续推进，征信市场发展和社会信用体系建设持续推进，反洗钱工作水平持续提升，金融消费权益保护工作成效显著，金融服务水平全面提高，为金融体系稳健运行打下了坚实基础。

一、支付、清算和结算体系

（一）体系建设不断完善

制度建设取得新进展。一是发布《银行卡清算机构管理办法》，进一步完善市场开放及机构准入的基础法规制度体系。二是发布《关于促进银行卡清算市场健康发展的意见》，为完善支付服务市场和支付服务创新升级打下坚实基础。三是印发《关于发布〈非银行支付机构分类评级管理办法〉的通知》，建立健全非银行支付机构分类评级制度。四是发布《支付结算违法违规行为举报奖励办法》，中国支付清算协会建立举报平台。五是修订发布《国内信用证结算办法》，满足企业融资和支付需求，促进国内贸易快速健康发展。

支付基础设施不断完善。一是完善支付系统功能，研究大额支付系统相关功能改造及延长运行时序的方案。二是筹建非银行支付机构网络支付清算平台，为支付机构提供统一、公共的资金清算服务。三是完成中央银行会计核算数据集中系统综合前置子系统共四批的推广工作，全国2608家地方性银行机构及外资银行上线运行。四是推进人民币跨境支付系统建设工作，稳步推进参与者扩容。截至2016年末，人民币跨境支付系统（CIPS）一期共有28家境内外直接参与者，512家境内外间接参与者，覆盖78个国家和地区，基本涵盖了全球开展人民币业务的国家和地区。2016年，全国各类支付系统安全稳定运行，现有各类支付系统共处理支付业务592.87亿笔，金额5 114.51万亿元，同比增长26.29%和16.70%。人民银行支付系统处理支付业务80.09亿笔，金额3 821.35万亿元，同比增长33.58%和21.88%。其中，网上支付跨行清算系统快速发展，处理业务44.53亿笔，金额37.46万亿元，同比增长50.16%和34.96%。中国银联、城市商业银行资金清算中心和农信银资金清算中心等清算机构业务规模不断扩大，人民币跨境支付系统运行平稳。

中央对手业务稳步推进。一是业务品种不断丰富。银行间市场清算所股份有限公司推出人民币外汇期权中央对手清算业务，成为全球首家为场外市场外汇期权交易提供中央对手清算服务的清算机构。场外大宗商品衍生品中央对手清算业务推出人民币电解铜掉期、上海碳配额远期两个新品种。二是业务系统持续升级改造。2016年12月，中国金融期货交易所新一代结算系统正式上线运行，在业务上全面支持多产品、多账户、多币种以及灵活的保证金和费用模型；技术上通过清算核心独立、分会员清算、可视化结算等创新设计提升了系统的扩展性、安全性和可用性。上海期货交易所2016年7月15日发布新的结算细则并对仓单系统进行了相关改造，开展有价证券在盘中实时充抵保证金业务，缓解了会员盘中的资金压力，提高了客户资金使用效率。

证券结算系统运行平稳。中央国债登记结算有限责任公司、银行间市场清算所股份有限公司和中国证券登记结算公司的债券登记、托管和结算业务继续保持增长。银行间债券市场全年债券[①]托管总量达到56.30万亿元，同比增长25.53%，其中银行间市场清算所股份有限公司托管的公司债券达8.13万亿元。全年办理债券现券、借贷和回购交易结算量为963.22万亿元，同比增长42.67%。

支付结算国际交流与合作不断深化。一是通过支付与市场基础设施委员会（CPMI）、东亚及太平洋地区中央银行行长会议组织（EMEAP）、东南亚中央银行组织（SEACEN）、东南亚国家联盟（ASEAN+3）、中欧双边会等平台，加强支付结算国际业务的沟通，推动国内相关工作逐步与国际接轨，提高支付结算国际话语权。二是推动实施《金融市场基础设施原则》，完成监管部门有关国内金融市场基础设施的评估。

（二）发展展望

下一步，加快构建更加安全、高效的国家支付体系，进一步提升支付体系对经济社会发展的支撑作用。一是扎实推进支付结算法规制度建设，为支付体系健康、高效运行奠定坚实的基础。二是不断健全支付服务市场监管机制，维护支付服务市场正常运行。三是稳步推进支付、清算和结算基础设施建设，进一步优化支付、清算和结算基础设施功能。四是继续落实《金融市场基础设施原则》，推动建立金融市场基础设施宏观审慎监管机制。五是继续加强支付体系境内外交流，不断提高对支付结算相关国际事务的参与度。

专栏10　稳步有序开放银行卡清算市场

近年来，我国银行卡业务规模实现了快速增长，截至2016年底，全

① 不包括同业存单。

国银行卡在用发卡数量达到61.25亿张，交易笔数1 154.74亿笔，交易金额741.81万亿元。银行卡业务规模的增长和多样化、创新性发展，对银行卡清算服务的水平和效率提出了更高的要求。

为继续深化金融改革，健全支付服务市场化机制，2015年4月，国务院印发了《关于实施银行卡清算机构准入管理的决定》，标志着我国人民币银行卡清算市场对内对外全面开放。2016年6月，人民银行会同银监会制定发布了《银行卡清算机构管理办法》作为银行卡清算市场准入的配套实施细则。相关制度明确了银行卡清算机构的准入机制，规定了银行卡清算机构在筹备、开业、机构变更等环节的具体条件与办理程序，以及银行卡清算机构拟任董事和高级管理人员任职资格等要求。针对境外银行卡清算机构已开展部分跨境外币银行卡清算业务的现状，制度明确仅为跨境交易提供外币清算服务的境外机构原则上无需在境内设立清算机构，但应遵守有关业务管理要求并履行报告义务。如果其服务对境内银行卡清算体系稳健运行或对公众支付信心造成重大影响，则应当在境内设立机构，依法申请准入。

推进银行卡清算市场开放是深化金融改革的措施之一，我国银行卡清算市场各项制度的建立和完善将吸引更多的主体参与市场合作。未来将实现国内银行卡清算市场参与主体多元化，稳步形成多个银行卡品牌同台竞争的市场化格局，为产业各方提供差异化、多样化的银行卡清算服务，带动银行卡产业结构持续优化，促进银行卡产业健康有序发展。同时，银行卡清算服务市场化机制的逐步建立，将为广大消费者和持卡人带来更加个性化的银行卡支付产品，营造更加安全便捷的支付环境，不断满足公众日益多样化的支付需求，提升消费便利和生活品质，为金融消费者提供更好的支付服务。

二、法律环境

（一）金融法律法规不断健全

出台法律法规。一是强化国家安全和公共安全。通过《中华人民共和国网络安全法》，建立关键信息基础设施安全保护与评估制度。通过《中华人民共和国境外非政府组织境内活动管理法》，规范境外非政府组织及其代表机构、中方合作单位账户开立和使用，强化反洗钱和反恐怖融资监督管理。二是通过《国务院关于修改部分行政法规的决定》，推进简政放权、放管结合、优化服务，取消部分前置审批事项。在证券市场方面，取消证券交易所动用风险基金时必须报批的规定，增加证券交易所运用风险基金的灵活性；取消期货交易所、期货公司相关经营事项的报批规定。在保险市场方面，取消外资保险公司不得与其关联企业进行再保险的分出或者分入业务的规定；取消保险机构经营农业保险业务必须报批的规定。三是通过《全国社会保障基金条例》，对基金的筹集、使用、管理运营、监督等环节做出进一步规范，以在保证基金安全的前提下，实现保值增值。

发布系列重要文件。发布《中共中央 国务院关于深化投融资体制改革的意见》，进一步转变政府职能，建立完善企业自主决策、融资渠道畅通，职能转变到位、政府行为规范，宏观调控有效、法治保障健全的新型投融资体制。发布《国务院关于积极稳妥降低企业杠杆率的意见》，通过多种方式积极稳妥降低企业杠杆率，助推供给侧结构性改革。发布《国务院办公厅关于印发互联网金融风险专项整治工作实施方案的通知》，通过严格准入管理，强化资金监测。发布《国务院关于做好全面推开营改增试点工作的通知》《财政部 国家税务总局关于全面推开营业税改征增值税试点的通知》，自2016年5月1日起，在全国范围内全面推开营业税改征增值税试点，实现增值税行业全覆盖，本着税负平移的原则，金融业由原来适用5%的营业税税率改为适用6%的增值税税率。发布《国务院关于建立完善守信联合激励和失信联合惩戒制度 加快推进社会诚信建设的指导意见》，推进社会诚信建设，营造公平诚信的市场环境。

发布司法解释。最高人民法院发布《关于审理独立保函纠纷案件若干问题的规定》，统一国际国内独立保函交易的效力规则，明确独立保函的独立性和单据性特征，严格界定欺诈情形及证明标准，严格规范止付程序。发布《关于全面推进保险纠纷诉讼与调解对接机制建设的意见》，从加强平台建设、规范运作程序等方面对保险纠纷诉调对接机制建设进行规范。

发布部门规章。人民银行发布部门规章，规范银行卡清算机构管理，将大额现金交易的人民币报告标准由“20万元”调整为“5万元”，将自然人通过银行机构利用现金或转账方式向境外汇款1万美元纳入大额交易上报对象。监管部门发布部门规章，加强网络借贷信息中介机构业务活动管理、保险资金间接投资基础设施项目管理、证券投资者保护基金管理、上市公司股权激励管理、证券期货投资者适当性管理、证券公司风险控制指标管理、上市公司重大资产重组管理、期货投资者保障基金管理，明确内地与香港股票市场交易互联互通相关管理规定。

（二）立法展望

2017年，围绕全面深化金融业改革开放、加快完善金融市场体系的目标，继续推进金融法律体系建设，服务实体经济与金融产品创新，助力金融监管体制改革。加快《中国人民银行法》《商业银行法》《银行业监督管理法》《证券法》《保险法》《现金管理暂行条例》的修订工作，积极推动《期货法》《非存款类放贷组织条例》《金融统计管理条例》《融资担保公司管理条例》《私募投资基金管理暂行条例》《上市公司监督管理条例》《信托公司条例》《地震巨灾保险条例》等制定出台。

三、会计标准

（一）会计标准建设取得新进展

一是规划会计改革与发展，发布《会计改革与发展“十三五”规划纲要》。二是加强政府会计准则体系建设，印发存货、投资、固定资产、无形资产等4项政府会计具体准则，发布公共基础设施、政府储备物资准则及固定资产准则应用指南征求意见稿。三是修订金融相关企业会计准则，就金融工具确认和计量（修订）、金融资产转移（修订）、套期会计（修订）、金融工具列报等4项企业会计具体准则征求意见；配合供给侧改革相关要求，发布《规范“三去一降一补”有关业务的会计处理规定》。四是加强管理会计指引体系建设，发布《管理会计基本指引》，就战略管理等22项管理会计应用指引征求意见。五是发布《关于全面推进行政事业单位内部控制建设的指导意见》。

（二）发展展望

一是抓好《会计改革与发展“十三五”规划纲要》的贯彻实施。二是继续推进我国企业会计准则与国际财务报告准则（IFRS）持续全面趋同。三是继续完善政府会计制度，制定政府会计具体准则及应用指南。四是健全企业会计准则体系，适时修订、完善相关会计准则。五是加强管理会计指引体系建设，推进管理会计广泛应用。六是加强会计信息化建设。

四、信用环境

（一）征信市场发展和社会信用体系建设持续推进

制定征信市场发展规划，推动尽快建立覆盖全社会的征信系统。在全面调研的基础上，对征信市场发展进行顶层设计和总体规划，正在起草《建立健全覆盖全社会的征信系统——中国征信市场发展总体规划》，以防范金融风险和信息主体权益保护为前提，从优化征信市场组织结构、完善征信监管机制、提升征信服务水平等方面，理清总体思路，科学规划征信市场的发展方向。

扩大征信系统覆盖面，规范征信市场发展。大力推动证券公司、保险公司、小额贷款公司和融资性担保公司等非银行金融机构接入国家金融信用信息基础数据库，有序推进非金融信息采集工作，并研究各类型非金融机构接入数据库的可行性，不断扩大数据库的覆盖面。截至2016年末，数据库已收录自然人信息9.1亿人、企业及其他组织信息2 210万户，并采集非金融信用信息50.6亿条。积极稳妥推进个人征信市场准入工作。严肃查处征信违法违规行为，切实维护信息主体权益。加强对金融信用信息基础数据库接入机构的管理，要求接入机构建立健全征信内控制度和追责制度，规范数据报送和使用，加大信息主体权益保护力度。组织实施年度征信业务现场检查，对违规查询和使用个人信息等问题做出行政处罚1 046起，处罚金额合计891万元。全面开展企业征信机构和信用评级机构备案材料真实性核查工作，对连续六个月未开展征信业务的机构予以注销，以净化征信市场环境。截至年末，全国备案企业征信机构由143家下降到136家。加强评级机构备案管理和违约率评级质量检验，大力推广小贷公司和融资性担保公司评级，探索建立市场化长效机制。截至年末，全国备案法人信用评级机构99家，分支机构72家；全年完成各类债项信用评级25 150笔，其中债券市场评级6 169笔，信贷市场评级18 981笔。积极开展信用信息主体权益保护工作，全年累计受理征信投诉209笔，办结率100%。

推动中小微企业、农村信用体系建设。与地方政府合作，推动中小微企业信用体系建设与“双创”工作挂钩，推动农村信用体系建设与精准扶贫挂钩，着力缓解中小微企业和农户的融资难、融资贵、融资慢和信用风险突出问题。截至2016年末，累积补充完善未与银行发生信贷关系的中小微企业信息261.14万户，建立农户信用档案1.72亿户，累计有47.16万户中小微企业和9 248万农户获得银行贷款支持，贷款余额分别达10.5万亿元和2.7万亿元，同比分别增长5.3%和9.3%。

征信制度建设迈出新步伐。明确外商投资征信机构管理制度。对外资征信机构实行国民待遇，统一内外资征信机构准入条件和管理标准。出台《企业征信机构备案管理办法》，统一企业征信机构的备案受理要求、审核标准，建立起有进有出的备案动态管理机制，形成了统一、完整的备案管理体系。

推进社会信用体系建设，促进形成良好信用环境。不断完善社会信用体系建设部际联席会议制度，健全社会信用体系建设规章制度。推动政府部门行政执法信息公开、共享与应用。积极推进地方信用体系建设，2016年批复32个城市（城区）创建社会信用体系建设示范城市的工作方案，开展示范城市创建评估和社会信用体系建设情况的督查。

持续开展征信文化宣传教育活动，提升社会公众信用意识。组织开展常态化征信知识宣传普及活动。开展“信用记录关爱日”、重大节日时点等宣传活动，持续开展“进机关、进社区、进乡村、进企业、进校园”的“五进”宣传活动。据不完全统计，全年共举办各类征信文化宣传活动近6万场，15.9万个金融机构网点、380余家征信机构和信用评级机构、累计830万人参加宣传，2 800余家新闻媒体参与宣传报道，向社会投放各种宣传资料达8 210万份。积极推动征信和诚信文化教育工作，从专业教育和普及教育两方面入手，推动征信教育工作，已初步建立起大中小学校各个层面均有覆盖的宣传教育体系，全国共有2 867所院校深入开展诚信文化进校园活动，覆盖学生约1 000万人；编写针对大中小学的各类征信教育书籍96本。

（二）发展展望

下一步，继续加强征信市场监管，推动建设覆盖全社会的征信系统，从体制机制上建立防控征信信息被泄露、倒卖和违规使用的长效机制，维护信用信息主体和市场主体合法权益，严格规范信用评级市场发展。大力推进社会信用体系建设和中小微企业、农村信用体系建设，不断改善社会信用环境。进一步完善征信法规制度建设，提升征信管理合规化水平。持续强化征信文化宣传教育工作，提升社会公众信用意识。

五、反洗钱

（一）反洗钱工作水平持续提升

积极推进金融行动特别工作组（FATF）第四轮反洗钱互评估工作。对照FATF标准与别国互评估实践，组织反洗钱工作部际联席会议成员单位、特定非金融行业协会和义务机构共同开展自评估，全面梳理我国反洗钱和反恐怖融资工作现状及缺陷。制定《中国洗钱和恐怖融资风险评估框架（2016）》。

强化风险为本的反洗钱监督管理。修订《金融机构大额交易和可疑交易报告管理办法》，发布《反洗钱行政处罚基准（试行）》。完成义务机构分类评级和支付机构续展工作，对部分金融机构开展反洗钱检查。2016年反洗钱执法检查数量和处罚金额较上年均有显著提高，对义务机构的反洗钱监管力度明显加强。

持续开展反洗钱调查工作。全年开展调查数量、移送线索数量、协查案件数量、移送线索立案数量及协助破获案件数量等增长幅度较大。加强洗钱类型分析和风险提示，针对非法集资、电信诈骗、地下钱庄等集中高发的犯罪类型专门印发风险提示，新增试点恐怖融资“防回流”监测模型。持续开展“打击利用离岸公司和地下钱庄转移赃款专项行动”“打击出口骗税和虚开增值税专用发票违法犯罪活动”，取得良好成效。

不断深化反洗钱国际合作。充分利用FATF、欧亚反洗钱和反恐怖融资组织（EAG）、亚太反洗钱组织（APG）等反洗钱国际（区域）组织平台，加强反洗钱和反恐怖融资领域重点问题及国际规则研究，推动反洗钱多边合作取得实效。人民银行与俄罗斯央行签署反洗钱与反恐怖融资监管谅解备忘录，与美国开展反洗钱与反恐怖融资战略对话，与澳大利亚等7个国家对口机构签署金融情报交流合作谅解备忘录，反洗钱双边合作与交流取得较大进展。

（二）发展展望

下一步，全面推进应对FATF第四轮互评估工作，突出重点，完善反洗钱规章制度，强化风险为本和法人监管，继续围绕国家重点工作开展反洗钱调查，深化反洗钱国际合作。

六、金融消费权益保护

（一）金融消费权益保护工作成效显著

金融消费权益保护制度建设不断完善。贯彻落实国务院办公厅《关于加强金融消费者权益保护工作的指导意见》，加快建立完善金融消费者权益保护规章制度，制定发布《中国人民银行金融消费者权益保护实施办法》。

普惠金融相关工作有序开展。制定《推进普惠金融发展规划（2016—2020年）分工方案》，积极推动地方出台普惠金融发展规划或指导意见，为地方普惠金融发展提供指引。结合G20普惠金融重点成果，出台中国普惠金融指标体系以及相关统计制度。

专栏11 推动“数字普惠金融”发展

根据G20普惠金融全球合作伙伴（GPFI）2016年白皮书《全球标准制定机构与普惠金融：不断演变的格局》的定义，数字普惠金融泛指一切通过使用数字金融服务以促进普惠金融的服务。数字普惠金融近年来在全球高速发展，日益受到世界各国的广泛重视，中国数字普惠金融的快速发展也受到国际社会的普遍认可。

2016年，《G20数字普惠金融高级原则》（以下简称《高级原则》）发布，这是国际社会首次在该领域推出的高级别的指引性文件，因而成为普惠金融领域国际顶层设计的重要一环。中国作为G20轮值主席国直接参与了各项原则的制定，在其中发挥了重大的作用。《高级原则》共有8项（包含66项行动建议）：一是倡导利用数字技术推动普惠金融发展。二是平衡好数字普惠金融发展中的创新与风险。三是构建恰当的法律和监管框架。四是扩展数字金融服务基础设施。五是建立尽责的数字金融措施保护消费者。六是重视消费者数字技术知识和金融知识普及。七是促进数字金融服务的客户身份识别。八是监测数字普惠金融进展。

G20在普惠金融领域取得的重要成果，对各成员国未来的普惠金融发展有着重要的指导意义。G20鼓励各成员国采取符合本国国情的切实行动，制定相关行动计划，不断推动普惠金融发展。参照《高级原则》，各个国家可以构建较为完善的数字普惠金融政策体系，充分加强金融基础设施建设，通过恰当有效的监管，合理平衡普惠金融创新与风险，有效保护金融消费者的合法权益。金融业界可以进一步制定具体的技术标准，促进金融科技产品的国际化、标准化，以及互联网金融行业的规范发展。

监督检查和评估工作稳步推进。开展跨区域金融消费权益保护监督检查，提升监督检查工作的精准性和实效性。开展金融消费权益保护机构评估，进一步深化金融消费权益保护评估试点工作。

金融消费者教育工作成效显著。开展了以“权利·责任·风险”为主题的“金融消费者权益日”活动。组织开展2016年人民银行“金融知识普及月”活动，建立消费者金融素养问卷调查制度。推动将金融知识纳入国民教育体系，启动对《金融知识普及读本》的更新工作。

金融消费者投诉受理、处理工作日趋规范。“12363金融消费权益保护咨询投诉电话”运行平稳，全年共受理金融消费者投诉18 689笔，办结16 954笔，办结率为90.72%。每季度公布《人民银行金融消费纠纷受理、处理形势分析报告和典型案例》。“金融消费权益保护信息管理系统”运行平稳，初步实现金融消费者投诉分办、转办的电子化和规范化。金融消费纠纷非诉第三方解决机制试点深化。金融消费者投诉分类标准应用试点工作达到预期目标。

（二）发展展望

下一步，将进一步推动金融消费者权益保护领域的法规体系建设，制定《消费者权益保护法实施条例》。继续开展“金融知识普及月”和“金融消费者权益日”等集中性的金融消费者教育活动，部署开展2017年全国性的消费者金融素养问卷调查。推动出台《推进普惠金融发展规划（2016—2020年）》相应的具体政策和措施，推动落实GPFI 2016年各项重要成果。深入开展金融消费权益保护监督检查工作，修订完善金融机构金融消费权益保护工作评估指标体系，继续推进金融消费权益保护典型案例公示和监管信息披露制度。不断提升“12363金融消费权益保护咨询投诉电话”服务水平和运行效率。

第八章

宏观审慎管理

2016年，国际社会继续完善宏观审慎政策框架，持续推动宏观审慎政策工具的运用。我国在借鉴国际经验的基础上，不断强化宏观审慎管理，健全金融监管协调机制，加强系统性风险监测评估，完善宏观审慎政策工具，牢牢守住不发生系统性金融风险的底线。

一、国际组织加强宏观审慎管理的进展

（一）构建稳健的金融机构

继续完善政策框架。2016年，巴塞尔银行监管委员会（BCBS）在巴塞尔协议Ⅲ框架内按照简单性、可比性和风险敏感性原则继续推进监管改革，相继修订了市场风险资本要求框架、杠杆率框架，制定发布了银行账户利率风险监管框架，以及满足简单、透明和可比性标准的证券化敞口的资本要求框架。为进一步促进风险加权资产计量在简单性、可比性和风险敏感性之间的平衡，BCBS还着手开展信用风险计量、操作风险计量、全球系统重要性银行（G-SIBs）额外杠杆率要求、资本下限、第三支柱信息披露等方面的监管改革。

推动执行巴塞尔协议Ⅲ。BCBS于2016年10月发布的进展报告显示，所有27个BCBS成员经济体均已按照BCBS要求执行了巴塞尔协议Ⅲ风险资本要求和流动性覆盖比率要求，26个成员经济体已经发布了逆周期资本缓冲要求，25个成员经济体已经或正在制定国内系统重要性银行框架，所有G-SIBs母国[①]均已经发布了对G-SIBs的监管要求。但成员经济体在议定时间框架内完成对手方信用风险、对中央对手方（CCPs）敞口的资本要求等领域的改革还存在挑战。为促进成员经济体一致实施巴塞尔协议Ⅲ，BCBS对阿根廷、韩国、印度尼西亚、日本、俄罗斯、土耳其等成员经济体开展了监管一致性国别评估。截至2016年末，BCBS已完成对所有成员经济体的资本框架评估。

（二）强化对系统重要性金融机构的监管

更新G-SIBs名单。2016年11月，金融稳定理事会（FSB）公布了基于2015年末数据测算的G-SIBs名单，30家银行入选（见表8-1），数量与2015年相同。其中，花旗银行由第三组升至第四组，美国银行由第二组升至第三组，中国工商银行和美国富国银行由第一组升至第二组；英国汇丰银行由第四组降

① 目前G-SIBs的母国有中国、美国、法国、德国、意大利、荷兰、西班牙、英国、日本、瑞士和瑞典。

表8-1 全球系统重要性银行

组别（附加资本要求）	全球系统重要性银行
5（3.5%）	空
4（2.5%）	美国花旗银行
	美国摩根大通集团
3（2.0%）	美国银行
	法国巴黎银行
	德意志银行
	英国汇丰银行
2（1.5%）	英国巴克莱银行
	瑞士信贷
	美国高盛集团
	中国工商银行
	三菱日联金融集团
1（1.0%）	美国富国银行
	中国农业银行
	中国银行
	纽约梅隆银行
	中国建设银行
	法国大众储蓄银行集团
	法国农业信贷银行
	荷兰商业银行
	日本瑞穗实业银行
	美国摩根斯坦利集团
	北欧联合银行
	苏格兰皇家银行
	西班牙桑坦德银行
	法国兴业银行
	渣打银行
	美国道富银行
	日本三井住友金融集团
	瑞士联合银行
	意大利联合银行

资料来源：FSB《2016年全球系统重要性银行名单更新》，2016年11月。

至第三组，法国巴克莱银行由第三组降至第二组，美国摩根斯坦利集团由第二组降至第一组。我国仍然是工、农、中、建4家银行进入G-SIBs名单，但得分和排名上升较多。在全球经济增长放缓、银行业业绩普遍下滑情况下，我国银行总资产仍然增长，且2015年银行同业业务增长较多，债券发行承销业务量增长较快，导致相关指标得分上升，成为我国G-SIBs排名上升的重要原因。2014年11月被评为G-SIBs的银行已于2016年1月1日起正式实施更高的资本要求。每年11月G-SIBs名单更新后，当选的G-SIBs将于14个月后的1月开始实施更高的资本要求。

更新全球系统重要性保险机构（G-SIIs）名单。 FSB会同国际保险监督官协会（IAIS）于2013年7月联合发布首批G-SIIs名单，全球共9家保险集团被认定为G-SIIs，其中包括中国平安保险集团。FSB从2014年起每年11月对G-SIIs名单进行更新。2016年11月，FSB基于2015年末数据将9家保险集团认定为G-SIIs（见表8-2），与上年相同。此外，IAIS于2016年6月发布了修订版G-SIIs评估方法，新方法已在本次G-SIIs评估中使用。

表8-2 全球系统重要性保险机构

全球系统重要性保险机构
荷兰全球人寿保险集团
德国安联集团
美国国际集团
英国英杰华集团
法国安盛集团
美国大都会集团
中国平安保险集团
美国保德信集团
英国保诚集团

资料来源：FSB《2016年全球系统重要性保险机构名单更新》，2016年11月。

专栏12 G-SIIs评估方法修订

2013年7月，IAIS发布了G-SIIs评估方法，并决定每3年对评估方法进行一次修订。2016年6月，IAIS发布了《全球系统重要性保险机构：更新评估方法》，从多个方面对2013年的评估方法进行了调整。

调整评估指标分类。2013年评估方法对G-SIIs从规模、全球活跃性、关联性、非传统/非保险（NTNI）业务、可替代性等五个方面进行评估。但在实践中，各方反映NTNI的定义比较模糊，且NTNI和关联性两个评估项目之间存在交叉。IAIS认为，一家保险机构的宏观经济敞口过大，对其冲击很容易通过交易对手传染至其他金融机构或金融市场，造成系统性风险。此外，如果一家保险机构急需获取流动性而大量抛售资产，容易造成金融市场的剧烈波动，从而损害关键金融市场功能的正常发挥，产生系统性风险。IAIS将能够通过敞口和资产清算两个渠道，产生实质性宏观经济风险和流动性风险的产品特征和业务活动，作为评估G-SIIs的重要指标类别，并据此增加了"资产清算"类，将"关联性"分为"交易对手敞口"和"宏观经济敞口"两个子类，将原来"NTNI"下的指标调整至"资产清算"和"关联性"的"宏观经济敞口"之下。调整后，新评估方法变为从规模、全球活跃度、关联性、资产清算、可替代性5个方面进行评估。

调整指标计算方法。对比2013年评估方法，新评估方法在指标的选取和计算等方面也进行了调整：一是出于数据可靠性方面的考虑，不再使用"除对冲和复制之外的衍生品交易"指标，将"集团内担保"、"大额风险暴露"两项指标从计算指标中移至下一阶段。二是将"信用违约互换及相似衍生品交易""财务担保""再保险"3项指标得分由相对值计算调整为绝对值计算。新方法的评估指标从原来的20项变为17项，部分指标权重上升。

调整评估过程。为了增强评估的科学性和透明度，IAIS对2013年评估方法的步骤做了进一步细化和扩展，由3个阶段增加至5个阶段：一是数据收集。收集对象需满足以下两项标准之一：总资产超过600亿美元且母国以外的保费收入超过总保费收入的5%；总资产超过2 000亿美元且在母国以外有保费收入。二是计算分值、设置G-SIIs阈值。根据样本保险机构得分情况并综合运用统计和分析方法设置一个阈值，得分超过阈值的保险机构，将进行下一步评估。三是识别准G-SIIs。综合考虑保险行业结构、产品、业务敞口、国际业务以及各国保险机构数据质量差异，重点分析指标和评分过程中没有涵盖的定量和定性信息。四是与准G-SIIs及相关监管机构沟通。确定准G-SIIs名单，并将前三阶段的评估结果告知每家准G-SII。准G-SIIs可向IAIS就评估过程提出意见。五是向FSB提交G-SIIs名单（见表8-3）。

表8-3　G-SIIs评估方法中指标及权重变化情况

<table>
<tr><th rowspan="2">指标名称</th><th colspan="2">2013年方法</th><th colspan="3">2016年方法</th></tr>
<tr><th>分类</th><th>权重</th><th colspan="2">分类</th><th>权重</th></tr>
<tr><td>总资产</td><td rowspan="2">规模（5%）</td><td>2.5%</td><td colspan="3" rowspan="4">未变化</td></tr>
<tr><td>总收入</td><td>2.5%</td></tr>
<tr><td>母国之外的收入</td><td rowspan="2">全球活跃性（5%）</td><td>2.5%</td></tr>
<tr><td>有分支机构的国家数量</td><td>2.5%</td></tr>
<tr><td>金融机构间资产</td><td rowspan="7">关联性（40%）</td><td>5.7%</td><td rowspan="4">关联性</td><td rowspan="4">交易对手敞口</td><td>6.7%</td></tr>
<tr><td>金融机构间负债</td><td>5.7%</td><td>6.7%</td></tr>
<tr><td>再保险</td><td>5.7%</td><td>6.7%</td></tr>
<tr><td>衍生品交易规模</td><td>5.7%</td><td>6.7%</td></tr>
<tr><td>大额暴露</td><td>5.7%</td><td colspan="3">删除，转至第三阶段分析中考虑</td></tr>
<tr><td>流转率</td><td>5.7%</td><td colspan="2" rowspan="2">资产清算</td><td>6.7%</td></tr>
<tr><td>3级资产[①]</td><td>5.7%</td><td>6.7%</td></tr>
<tr><td>财务担保</td><td rowspan="8">非传统保险业务/非保险业务（NTNI，45%）</td><td>6.4%</td><td rowspan="3">关联性</td><td rowspan="3">宏观经济敞口</td><td>7.5%</td></tr>
<tr><td>变额年金产品的最低保证</td><td>6.4%</td><td>7.5%</td></tr>
<tr><td>衍生品（CDS等）</td><td>6.4%</td><td>7.5%</td></tr>
<tr><td>非保险负债和非保险收入</td><td>6.4%</td><td colspan="2" rowspan="3">资产清算</td><td>7.5%</td></tr>
<tr><td>短期融资</td><td>6.4%</td><td>7.5%</td></tr>
<tr><td>负债流动性</td><td>6.4%</td><td>7.5%</td></tr>
<tr><td>集团内担保</td><td>6.4%</td><td colspan="3">删除，转至第三阶段分析中考虑</td></tr>
<tr><td>衍生品（除对冲和复制之外）</td><td>未使用</td><td colspan="3">删除</td></tr>
<tr><td>特定业务保费收入</td><td>可替代性（5%）</td><td>5%</td><td colspan="3">未变化</td></tr>
</table>

注：① 1级资产是可在活跃市场上观测到价格的，不需要进行价格调整的资产；2级资产是在不活跃市场交易，但可用模型计算出价格的资产；3级资产是估值方法与技术不透明的资产。本指标先计算3级资产的水平，然后再计算其占1级、2级、3级资产总和的比例。

（三）推动有效处置机制建设

总损失吸收能力（TLAC）要求稳步实施。自FSB于2015年发布TLAC要求以来，多数G-SIBs母国当局发布了TLAC实施政策提案或征求意见稿。2015年1月至2016年8月，全球G-SIBs发行TLAC工具共计6 230亿美元，其中包括190亿美元普通股、1 040亿美元其他一级资本、1 170亿美元二级资本和3 830亿美元高级债（senior debt）。发行币种主要为美元、欧元和日元，占比分别为50%、22%和13%。

推进全球系统重要性金融机构（G-SIFIs）有效处置机制建设。2016年，所有G-SIBs的危机管理小组开展了第二轮可处置性评估。评估发现，G-SIBs的处置机制在许多方面已经取得了实质性进展，但在处置中资金和流动性的充足性、自救机制的实施、信息管理系统以及处置中接入金融市场基础设施的持续性等方面存在不足。2017年，G-SIBs母国当局将开展第三轮可处置性评估，重点关注合格的TLAC工具发行情况，国际掉期和衍生品协会（ISDA）处置暂停协议的遵守等内容。2016年，所有G-SIIs完成了第一轮可处置性评估。评估发现，G-SIIs母国及主要的东道国普遍缺乏《金融机构有效处置机制核心要素》（以下简称《核心要素》）要求的全面的处置权力和工具；分析G-SIIs关键功能的进展缓慢，处置策略还需进一步具体化，提高可操作性，需要更加有效的事前合作协调框架；应进一步明确保单持有人保护计划作为处置资金来源的条件。

推动《核心要素》实施。2016年，FSB对各国执行《核心要素》的情况开展了第二次专题评估。评估发现，自2012年以来，各国的处置权力和工具有了很大的提高，处置权力使用的规模和条件也有显著变化。但是个别经济体依然缺少对处置计划的要求，且只有小部分成员拥有与《核心要素》要求一致的银行业处置机制。自救工具和对金融合同提前终止权实施暂停，是银行处置机制中最缺乏的两类工具。保险业的处置机制建设进展不大，仅有部分国家开始启动相关改革。2016年，FSB会同支付与市场基础设施委员会（CPMI）、国际存款保险协会（IADI）、国际保险监督官协会（IAIS）、国际证监会组织（IOSCO）、国际货币基金组织（IMF）和世界银行制定并完善银行业《有效处置机制核心要素评估方法》，该评估方法将用于IMF和世界银行开展的金融部门评估规划（FSAP）。

（四）提供稳健的市场化融资来源

持续监测影子银行体系。2017年5月，FSB基于2015年末数据发布《2016年全球影子银行监测报告》。此次监测报告涵盖了28个经济体（全部24个FSB

成员经济体，以及比利时、开曼群岛、智利和爱尔兰），覆盖了全球GDP的80%以上。广义估算结果显示，“全体非银行金融中介监测规模”（MUNFI）口径下，2016年末全球影子银行规模达149万亿美元，约占监测经济体金融资产的46%。狭义估算结果显示，除中国外[①]27个经济体影子银行规模达34万亿美元，相当于监测经济体GDP的69%和金融资产的13%，80%以上集中于影子银行规模最大的6个经济体。北美、亚洲和欧洲的发达经济体中，其中美国影子银行规模最大，占总规模的40%，开曼群岛次之，日本和爱尔兰分列第三、第四位。

化解资产管理行业结构性风险。近期，FSB研究指出资产管理行业存在五大脆弱性，分别为流动性错配、投资基金的杠杆、压力环境下转移资管委托的操作风险、资产管理机构融券业务相关风险以及养老金和主权财富基金的潜在脆弱性。2017年1月，FSB针对以上脆弱性发布了政策建议文件，主要包括提高数据报送和信息披露要求、制定杠杆水平的统一测算方法、完善相关监管指引、开发流动性管理工具、开展压力测试以及制定可持续经营计划等。

（五）推动场外衍生品市场改革

2016年，场外衍生品改革稳步推进。总体来看，24个经济体中，交易信息报送和非集中清算衍生品的更高资本要求落实情况最好，绝大多数经济体均已制定相关要求，涵盖了其90%以上的场外衍生品交易，但部分经济体向交易信息库报送交易信息以及监管当局获取数据方面还存在一些法律障碍；集中清算要求的落实情况次之，有14个引入了相关要求；非集中清算衍生品的保证金要求落实情况不理想，预计仅有一半经济体能按时完成要求；平台交易要求落实情况最为滞后，目前仅有11个经济体引入相关框架，且其他经济体近期并无落实计划。此外，在跨境协调方面，欧盟委员会和美国商品期货交易委员会（CFTC）制定了对在欧美业务均较活跃的CCPs的统一监管框架。

（六）推进CCPs改革

IOSCO、CPMI和FSB等国际组织持续合作，提升CCPs的稳健性和可恢复处置能力。**在提高CCPs稳健性和完善恢复计划方面**，IOSCO和CPMI于2016年8月完成对CCPs落实《金融市场基础设施原则》（PFMI）情况的评估，发布关于更好落实PFMI指导文件的征求意见稿，并继续研究对CCPs开展监管压力测试。**在提高CCPs可处置性方面**，FSB总结了现有CCPs处置计划的不同机制安

① 中国没有参加狭义规模测算。

排，于2016年8月发布《CCPs处置计划核心要素》征求意见稿，在CCPs处置目标、处置权力、损失分配、资金来源和跨境协调等方面做出细化规定。2017年2月，FSB发布了《CCPs处置和处置计划指引》征求意见稿，进一步明确了各国处置当局在建立CCPs处置框架时应考虑的核心问题，促进各国标准的统一。**此外**，BCBS、CPMI、FSB和IOSCO成立的集中清算关联性联合研究组继续开展相关工作，目前已完成向全球主要CCPs和国际清算银行（BIS）国际数据中心征集数据的工作，以研究CCPs和主要清算成员间的相互依赖性及其潜在系统性影响。

（七）减少不当行为风险

2016年，FSB继续致力于防范不当行为风险，恢复市场信心。一是通过激励机制改革减少市场不当行为。在薪酬治理层面，FSB研究将《稳健薪酬实践原则和标准》与减少不当行为联系起来，并计划于2017年底前发布指导文件；同时，FSB正制定各国使用薪酬工具防范不当行为风险的统一数据报送机制。在公司治理层面，FSB成立了公司治理框架工作组，从国际组织、各国当局、行业协会和企业四个层面，总结通过强化公司治理框架防范不当行为风险的良好实践经验。二是加强固定收益、货币及商品期货市场（FICC）的行为规范。IOSCO正开发行为监管工具箱以引导良好市场行为。BIS也正在制定全球外汇市场行为规范，目前第一阶段文件已经发布，上述工作均预计在2017年完成。三是推动主要金融市场基准利率、汇率改革。IOSCO将为《金融市场基准原则》的更好落实制定指导文件。各银行间同业拆借利率（IBOR）管理机构进一步改善利率形成机制，强化真实交易数据的作用。FSB持续监测基准利率改革情况，并将于2017年发布监测报告。

（八）其他

一是IMF、FSB和BIS联合发布了《有效宏观审慎政策要素：国际经验与教训》，为各国建立和完善有效的宏观审慎政策框架提供了指引。二是FSB改善银行信息披露的工作基本完成，82%的银行已落实关于提高风险管理、资本充足、流动性风险、信用风险等方面的信息披露质量的政策建议。三是加强对金融科技（Fintech）的研究和监管。FSB制定了Fintech分析框架，并成立专门的工作组负责监测评估Fintech发展及对金融稳定的影响。四是FSB成立代理银行协调工作组（CBCG）对全球范围内出现的代理银行业务缩减问题进行研究，防范可能对经济增长、普惠金融以及反洗钱和反恐怖融资等领域产生的负面影响。五是全球法人机构识别编码（LEI）体系运行良好，截至2016年末，共有29个经济体取得发码资格，超过48万个法人机构及个人申请获得LEI编码。

专栏13　IMF、FSB和BIS联合发布《有效宏观审慎政策要素：国际经验与教训》

本轮国际金融危机爆发后，国际社会深刻认识到原有的金融监管体系主要关注单个金融机构的稳健运营，未能从系统性、逆周期的视角防范金融风险的积累和传播。由此，主要经济体纷纷改革国内金融监管体制，加强宏观审慎管理。2016年，中国作为G20轮值主席国，要求IMF、FSB和BIS总结各国有效宏观审慎政策的核心要素和良好实践经验。为此，三家组织联合撰写了报告《有效宏观审慎政策要素：国际经验与教训》，对宏观审慎政策的内涵、目标、组织结构安排以及政策工具等进行系统研究和分析，为各国建立和完善有效的宏观审慎政策框架提供指引。

一、宏观审慎政策的定义和目标

报告指出，宏观审慎政策是指运用审慎性工具防范系统性风险的做法。而系统性风险是指，由于金融体系的部分或全部功能受到破坏所引发的大规模金融服务中断，以及由此对实体经济造成的严重负面冲击。系统性风险有两个维度：一是时间维度，即金融风险随着时间不断积累最终导致金融体系的脆弱性增加；二是结构性维度，即在给定时点上，金融体系内金融机构和金融市场之间因相互关联产生风险。

宏观审慎政策的目标包括：一是通过建立并适时释放缓冲，提高金融体系应对冲击的能力；二是减缓资产价格和信贷间的顺周期性反馈，控制杠杆率、债务和不稳定融资的过度增长，防止系统性风险的不断累积；三是降低金融体系内部关联性可能带来的结构脆弱性，防范关键市场中重要金融机构的“大而不能倒（too-big-to-fail）”风险。

二、宏观审慎政策的机构安排

（一）政策制定机构的治理结构和职责

虽然各国宏观审慎政策框架的差异说明并没有一个“放之四海而皆准”的模式，但目前公认，应该将宏观审慎管理职能明确赋予某一决策机构，确定其政策目标和权力。许多国家的经验表明，央行由于具备专业知识、采取政策措施的内在动力和独立性，在宏观审慎政策制定中扮演重要角色。可采取的模式包括由央行董事会（或行长）直接制定宏观审慎政策，由央行行长担任宏观审慎政策制定委员会主席，明确赋予央行向宏观审慎政策制定机构提出政策建议的权力，或确立央行在系统重要性金融机构（SIFIs）监管中的主导地位等。在央行或宏观审慎政策制定委员会中设立金融稳定职能部门，负责监测分析系统性风险并对政策制定提出建议，可以为有效宏观审慎政策提供支持。

（二）政策制定机构相关权力

为确保政策的有效实施，应明确赋予宏观审慎政策制定机构相应的权力，主要包括：从其他部门获取信息、弥补数据缺口的权力；影响监管政策实施和调整的权力；影响SIFIs认定的权力；以及建议调整监管范围的权力等。权力强度上可以分为三种：一是“硬性权力”，即宏观审慎政策制定机构能够直接运用宏观审慎政策工具或指导其他监管部门的行为。这一模式可以有效减少政策落实阻力。二是“半硬性权力”，即宏观审慎政策制定机构可以对其他监管部门提出正式政策建议，且监管部门须服从建议或做出解释（comply or explain）。这种模式的优点是能在保持监管部门独立性的同时，提高宏观审慎政策建议被执行的概率。三是“软权力”，即宏观审慎政策制定机构可以提出政策建议、发出警示或表达观点。单独的“软权力”不足以构成有效宏观审慎政策框架，须与其他权力配合使用。

三、宏观审慎政策操作

（一）系统性风险分析与监测

对系统性风险的分析监测基于两个维度。从时间维度看，需要关注的问题包括信贷总量或资产价格过快增长所可能引发的实体经济脆弱性，实体经济中个别部门的脆弱性，金融体系的期限、币种错配引发的系统性风险等。从结构性维度看，主要关注在给定时点上不同类型金融机构以及金融市场基础设施间的相互关联可能带来的风险，以及个别机构倒闭对金融体系的冲击。多数国家使用一系列指标来对系统性风险进行综合分析判断，宏观审慎压力测试也可以与早期预警指标一起为决策提供支持。

（二）构建宏观审慎政策工具

与风险相对应，宏观审慎政策工具也分为两个维度。从时间维度看，可以要求金融机构在系统性风险积累时建立风险缓冲，在面临冲击时释放缓冲，主要政策工具包括动态拨备要求和逆周期资本缓冲（CCyB）等通用资本工具，针对特定行业的资本要求和风险敞口上限等资产侧工具，以及准备金要求、流动性覆盖比率、核心融资比率和存贷比上限等流动性工具。从结构维度看，可以提高SIFIs抗风险能力，降低金融体系的相互关联度，主要政策工具包括识别系统重要性银行和保险机构，加强其损失吸收能力，增强可处置性；增强金融市场基础设施抗风险能力，制定恢复和处置计划等。

四、宏观审慎政策框架的三种主要组织结构模式

在总结各国主要做法的基础上，报告归纳出三种宏观审慎政策框架组织结构模式。一是将宏观审慎职责赋予中央银行，由央行董事会或行长做出决策。如果监管机构独立于央行之外，则需要建立跨部门的协调机制（加上财政部）。二是将宏观审慎职责赋予央行内设的专门委员会。这一做法有利于防范央行的双重职能（货币政策和宏观审慎）间的潜在冲突，同时也可以允许微观审慎监管部门的代表及外部专家参与政策制定。三是将宏观审慎职责赋予一个独立于央行之外的跨部门委员会，通过政策协调、信息共享、共同研究系统性风险的方式来制定和实施宏观审慎政策。

二、主要国家和地区加强宏观审慎管理的进展

（一）美国

系统性风险监测和评估。金融稳定监督委员会（FSOC）于2016年6月发布年报，认为在全球经济增速放缓、商品市场供给过剩、汇率升值、其他国家货币政策溢出效应等因素影响下，美国金融体系面临一系列潜在风险。主要包括：网络安全影响金融体系关键服务功能；资产管理产品存在流动性、杠杆率、可处置性等方面的风险；大型金融机构存在资本充足、流动性和可处置性方面的风险；中央清算对手方与其清算对手的关联性风险上升；大额融资市场稳定性仍显不足；市场参与者仍然过度依赖LIBOR等参考利率；金融市场数据收集和监管机构数据共享仍不充分；住房融资改革立法滞后；国内外长期低利率环境导致市场参与者过度依赖短期融资，推升杠杆，承担更高风险；部分机构在固定收益市场使用自动交易系统开展交易，可能影响金融稳定。

逆周期资本要求。2016年9月，美联储发布巴塞尔协议Ⅲ CCyB政策实施框架。作为Q条例（美国联邦法规第12章第217条）的附件，CCyB框架适用于所有使用高级法资本框架、总资产大于2 500亿美元或境外风险敞口超过100亿美

元的银行业金融机构。美联储通过多种方法评估金融风险，并据此设定和调整CCyB标准。如无另行规定，美国CCyB生效后12个月将自动降为0。2016年，美联储还提高了适用CCyB要求的大型银行业金融机构压力测试标准。

系统重要性金融机构监管。2016年3月，美联储提议出台规则，规范大型银行业金融机构对单一交易对手的信贷集中度。2016年5月，美联储提议出台一项新规，要求美国G-SIBs和外资G-SIBs的美国分支机构修改金融合同条款，在其进入破产程序后48小时内交易对手不得解除合同，以防止出现大规模解除合约，引发资产甩卖。2016年12月，美联储通过新规，要求美国G-SIBs和外资G-SIBs的美国分支机构自2019年起需保留足够规模、能在处置时转化为股权的长期负债，同时还需满足相应的TLAC要求。此外，美联储、货币监理署等六个监管部门联合起草了华尔街薪酬管制新规，要求大型金融机构递延高级管理人员薪酬奖金4年，并且如在7年中发现高管行为损害了机构和投资者合法权益，可以追回已支付的奖金。

（二）英国

宏观审慎政策制定。金融政策委员会（FPC）认为，2016年英国金融体系的不稳定因素主要来自于脱欧公投的后续影响，使得全球和英国经济前景的不确定性加大。英国房地产市场风险凸显，经常账户赤字达到历史高位，英镑汇率自脱欧公投后下跌12%，住户部门债务率偏高。基于上述对金融风险的判断，7月，FPC将CCyB要求由3月设定的0.5%下调为0，此后进一步决定将该水平维持至2017年年中。同时，为避免出现银行囤积资本和出现惜贷行为，FPC还建议审慎监管局（PRA）下调对金融机构的监管资本缓冲要求。FPC的其他政策建议还包括：将准备金存款从银行的杠杆率计算中予以扣除；允许审慎监管局在适用保险业偿付能力监管新规时给予保险公司一定的灵活性。

银行业压力测试。2016年3月，英格兰银行开展了第三次银行业压力测试，测试对象[①]贷款规模占全部贷款的80%。此次压力测试采用了2015年10月英格兰银行发布的《银行体系压力测试方法》，压力情景的设置较以前更为严格。在重度压力情景下，系统性的总损失将达到440亿英镑，是2008年国际金融危机期间的5倍。7家银行的总体一级资本充足率将下降至8.4%，高于2014年和2015年压力测试中7.4%的水平。总体看，境外业务和公司业务较多的银行受到的影响相对较大，而劳埃德银行、国民建筑协会和桑坦德银行这三家主

① 包括巴克莱银行、汇丰银行、劳埃德银行、国民建筑协会、苏格兰皇家银行、桑坦德银行和渣打银行。

要在国内市场经营的银行受到的冲击相对较小。同时，英格兰银行还基于银行的最低资本监管要求（Hurdle rate）框架，对各家银行的资本充足情况进行了测试。结果表明，苏格兰皇家银行、巴克莱银行和渣打银行在压力情景下资本严重不足，需要采取措施改善其资本状况。

（三）欧盟

系统性风险监测和评估。欧洲系统性风险委员会（ESRB）发布年度风险监测报告，指出当前受全球长期低利率环境和地缘政治不确定性影响，欧洲面临四大潜在金融风险：较低的市场流动性放大了全球金融市场风险溢价的重新定价程度；银行和保险机构的资产负债表健康程度仍不乐观；公共部门、企业和居民部门的债务可持续性进一步恶化；影子银行部门的持续快速扩张可能对金融体系造成潜在冲击。

宏观审慎政策制定和执行。ESRB指导成员国实施CCyB政策，要求成员国按季度计算信贷/GDP和其长期趋势值的偏离度，根据计算结果设定并公开CCyB基准水平，并结合国内系统性风险情况进一步调整CCyB标准。欧洲央行（ECB）可根据需要设定比成员国更高的CCyB标准。欧盟的CCyB监管互认范围为所有欧盟成员国，最高互认标准为2.5%。ESRB将欧盟银行业在该国的风险加权资产、总资产或违约敞口其中之一占比超过1%的非欧盟国家认定为“实质第三国”，对其使用同样的监管互认标准。

发布宏观审慎公报。2016年3月，欧央行发布第一期宏观审慎公报，阐述了单一监管机制下欧央行的宏观审慎职责，讨论了欧央行宏观审慎政策目标、实现途径、政策工具、管理架构等，介绍了家庭贷款发放标准评估模型、银行早期预警模型等宏观审慎政策分析工具。10月，欧央行发布第二期宏观审慎公报，从系统重要性银行压力测试的宏观审慎效果、宏观审慎政策分析与工具、高频交易和暗池交易监管等方面介绍了欧元区宏观审慎政策进展情况。

影子银行监测。2016年7月，ESRB发布首份欧盟影子银行监测报告，指出近年来欧盟影子银行快速发展，截至2015年底，规模已达37万亿欧元，占欧盟金融部门总资产的36%，达到欧盟GDP的250%。其中，欧元区影子银行规模达28万亿欧元，相比2012年底增长了27%。影子银行快速发展推升了金融杠杆，增加了金融体系的关联性风险，特别是部分对冲基金、房地产市场基金和货币市场基金存在潜在风险隐患。

银行业压力测试。欧洲银行业监管局（EBA）参考ESRB提供的压力情景，对来自15个国家的51家银行（37家欧洲单一监管机制监管的银行和14家来自丹麦、英国等欧洲经济区的银行）开展了压力测试。结果表明，在最强冲击下，2018年这些银行的资本充足率将比2015年下降3.4个百分点，总杠杆率将由5.2%下降至4.2%，消耗资本2 260亿欧元，最大信贷损失达3 490亿欧元，7家银行杠杆率低于3%。

三、我国宏观审慎管理的实践

宏观审慎政策框架的内涵极其丰富，根据IMF、FSB和BIS的研究，这一概念包含合理的机构安排、系统性风险的分析与监测以及一系列宏观审慎政策工具的使用。现阶段我国经济正处于结构调整和转型升级时期，结构性矛盾较为突出，凸显了改革并建立适应现代金融市场发展的金融监管框架、强化宏观审慎政策的必要性。为此，我国不断完善宏观审慎政策框架，从基于多部门合作的机构安排制度的完善、风险监测识别框架的不断健全、政策工具的运用与校准等多个方面，全流程、多维度维护金融稳定，牢牢守住不发生系统性风险的底线。

（一）进一步完善金融监管协调机制

2016年，金融监管协调部际联席会议（以下简称联席会议）继续深入推进金融监管政策、措施、行动的统筹协调，不断增强金融监管合力和有效性，在防范系统性金融风险和促进金融更好地服务实体经济等方面发挥了积极作用。一是推动构建跨市场金融风险监测分析框架，健全金融监管部门之间的风险通报机制，研究推进统筹金融基础设施监管和金融业综合统计管理。二是推动规范保险机构跨行业跨市场发展，强化万能险监管，规范保险公司举牌行为，加强保险资金股票投资和境外投资监管。三是加强对实业企业投资金融业的监管协调，研究对实业企业设立的金融控股公司的监管安排，推动制订金融控股公司监管规则。四是促进新兴金融业态规范发展，推动建立更为规范的资产管理产品标准规制，研究制定《互联网金融领域专项整治工作实施方案》，推动建立适应互联网金融活动特点的市场准入和日常监管制度。五是着力整顿金融秩序，明确民间金融理财业务的监管职责分工，研究确定进一步规范场外配资、清理杠杆融资的工作措施，推动加强对地方交易场所的监督管理，督促商业银行、第三方支付机构与地方交易场所规范开展业务合作。

下一步，联席会议将继续认真落实党中央、国务院决策部署，坚持稳中求进工作总基调，把防控金融风险放到更加重要的位置。推动强化功能监管、综合监管和行为监管，实现金融监管全覆盖。继续加强对跨市场金融风险的监测预警，强化对重点领域金融风险防范化解的政策协调和行动配合，着力提高风险应对处置能力。继续围绕党中央、国务院关于统筹监管系统重要性金融机构、统筹监管金融控股公司和重要金融基础设施、统筹负责金融业综合统计的决策部署，推动建立更适应现代金融市场发展和金融业综合经营的监管体制机制。

（二）加强系统性风险监测与评估

不断加强银行、证券、保险业金融机构和具有融资功能的非银行金融机构的监测评估和现场检查工作。组织商业银行和证券公司开展金融稳定压力测试，不断扩大压力测试覆盖范围。持续加强对重点领域和突出问题的风险监测和排查，对银行业不良贷款反弹和利润增长持续承压，资产管理业务、股权众筹和私募基金风险，保险资金运用等问题进行重点研究。继续加强对大型有问题企业的风险监测，及时处理重大风险事件，加强对宏观经济形势、区域金融风险及特定行业趋势研判。

（三）有效使用并完善宏观审慎政策工具

G-SIFIs处置机制继续加强。工商银行、农业银行、中国银行、建设银行和中国平安保险集团5家被识别为G-SIFIs的机构均按照FSB要求建立了危机管理小组（CMG），制定并按年度更新其恢复和处置计划（RRP）。中国平安保险集团已完成首轮可处置性评估（RAP），中国银行和工商银行已完成第二轮RAP，农业银行已完成第一轮RAP，建设银行将于2017年开展首轮RAP。

宏观审慎评估体系（MPA）有效运行。为进一步完善宏观审慎政策框架，自2016年起，人民银行将差别准备金动态调整机制“升级”为MPA，从资本和杠杆、资产负债、流动性、定价行为、资产质量、跨境业务风险、信贷政策执行情况等七个方面引导银行业金融机构加强自我约束和自律管理。从MPA的实施情况看，货币信贷基本保持平稳增长态势，银行业金融机构总体上经营稳健，符合宏观审慎要求。在实施好MPA评估工作的同时，人民银行还对指标构成、权重、相关参数等加以改进和完善。将原有“外债风险”指标扩充为“跨境业务风险”，并相应增加了相关分项指标，适应资金跨境流动频繁的趋势；自2017年第一季度开始正式将表外理财纳入广义信贷范围，以合理引导金融机构加强对表外业务风险的管理。

外汇流动和跨境资金流动宏观审慎政策框架不断完善。为落实党的十八届三中全会关于建立健全宏观审慎管理框架下外债和资本流动管理体系的要求，人民银行初步建立了外汇和跨境资本流动的宏观审慎政策框架。一是建立并完善全口径跨境融资宏观审慎管理政策框架，企业和金融机构可在基于自身资本实力确定的上限内自主开展各类跨境融资业务，人民银行可根据宏观调控需要对金融机构和企业的跨境融资进行逆周期调节。二是对银行远期售汇采取宏观审慎措施，要求金融机构按其远期售汇（含期权和掉期）签约额的20%交存外汇风险准备金。三是对境外金融机构在境内金融机构存放执行正常存款准备金率，促进境外金融机构稳健经营。

房地产市场的逆周期调节进一步强化。一是完善因城施策的差别化住房信贷政策。2016年2月1日，人民银行和银监会联合发布《关于调整个人住房贷款政策有关问题的通知》，在不实施“限购”的城市，下调个人住房贷款最低首付比例，对实施“限购”的城市，个人住房贷款政策维持不变。3月以来，针对部分热点城市房价过快上涨问题，各地对当地住房信贷政策进行了多轮调整，提高了最低首付比例要求。目前，调控城市的一套房贷款最低首付比例为30%以上，二套房基本在50%以上，个别城市达到70%或80%。二是督促商业银行调整优化信贷结构，加强审贷管理。将“首付贷”等房地产场外配资行为纳入互联网金融风险专项整治。同时，要求商业银行严格执行差别化住房信贷政策，加强审贷管理，杜绝价格恶性竞争和“首付贷”等违规行为。三是做好房地产领域流入资金的管控和清理整治。对信托、理财、债券、资管计划、保险资金等投向房地产领域资金予以清理规范，严控各类资金过度流入，打击资金违规流入，引导资金更多流向实体经济。

专题一

促进中国资产管理业务规范健康发展

自1991年中国出现第一只公募基金产品、2004年推出首只银行理财产品以来，资产管理业务快速发展，规模不断攀升，对促进直接融资市场发展、拓宽居民投资渠道、改进金融机构经营模式、支持实体经济融资需求发挥了积极作用。但是，规则差异、产品嵌套等问题也逐渐显现，市场秩序有待规范，迫切需要进行顶层设计，将宏观审慎管理与微观审慎监管相结合，机构监管和功能监管相结合，统一同类产品的监管标准，切实防范跨行业、跨市场风险传递。

一、资产管理业务的发展

资产管理业务是指机构接受投资者委托，对受托的投资者财产进行投资和管理的金融服务，资产管理机构为委托人利益履行勤勉尽责义务并收取相应的管理费用，委托人自担投资风险并获得收益。改革开放30多年来，中国经济快速增长，居民财富和高净值人群不断增加，财富保值增值和多元化资产配置的要求大幅上升，企业对直接融资的需求日益增强，金融机构改进单一业务结构和盈利模式的要求也日益迫切。可以说，资产管理业务有效连通了投资与融资，其迅速发展是居民、企业、金融机构的共同需求。

在资产管理业务发展过程中，各金融监管部门不断完善相应的规章制度。2012年下半年以来，证券、基金、期货、保险等机构的资产管理业务快速发展，各类机构之间的跨行业资产管理合作日益密切，中国步入“大资管时代”。截至2016年末，银行表内、表外理财产品资金余额分别为5.9万亿元、23.1万亿元；信托公司受托管理的资金信托余额为17.5万亿元；公募基金、私募基金、证券公司资产管理计划、基金及其子公司资产管理计划、保险资产管理计划的规模分别为9.2万亿元、10.2万亿元、17.6万亿元、16.9万亿元、1.7万亿元。剔除交叉持有的因素后，各行业金融机构资产管理业务总规模约60多万亿元。

二、资产管理业务的主要实践

在实践中，主要出现以下业务类型和合作模式。

（一）业务类型

商业银行。凭借银行广泛的销售渠道、较大粘性的客户资源，银行理财在全部资产管理业务规模中占比最高。业务运作方式主要包括：一是自主投资管理。银行发行理财产品，将募集资金直接投资于存款、货币市场工具、债券、其他资产或资产组合等。二是购买其他金融机构产品。银行通过购买其他银行的理财产品、证券公司资产管理计划、资金信托计划、保险资产管理计划、基金公司资产管理计划等，将理财资金投资于债权类、股权类等资产。三是借助其他金融机构投资。银行将理财资金投资于其他金融机构的资产管理产品，银行提供投资项目并进行管理，承担投资风险，享有投资收益，受托资产管理机构收取资产管理费。四是委外业务。银行将理财资金委托给信托、证券、基金等其他金融机构进行投资，约定收益率，受托机构对日常投资承担主动管理或投资顾问职责。部分中小银行投资能力不足，此类业务在其理财业务中占比较高。

信托公司。信托公司接受委托人的委托，发行信托计划，为受益人的利益或特定目的，管理和经营委托货币资金。业务类型主要包括：一是单一信托。信托公司接受单个委托人的资金委托，按照委托人意愿，依据委托人确定的管理方式（指定用途），或由信托公司代为确定的管理方式（非指定用途），单独管理和运用资金。二是集合信托。受托人把两个或两个以上委托人交付的信托财产加以集合，以受托人的名义对该财产进行管理、运用或处置。集合资金信托是典型的信托公司主动管理的产品。三是伞形信托。在同一个信托产品中包含两种或两种以上不同类别的子信托，投资者可根据投资偏好自由选择其中一种或几种进行投资组合。例如，按照约定的分成比例，由银行理财产品认购信托计划优先级受益权，其他客户认购劣后受益权，劣后级认购主体也可能包含多个子单元。

证券公司。业务类型主要包括：一是集合资产管理计划。可向不超过200人募集，投资者最低门槛为100万元，投资范围主要包括各类标准化证券以及其他金融机构发行的资产管理计划。二是定向资产管理计划。向单一客户募集，投资范围由证券公司与客户通过合同约定，定位于服务特定客户的定制化产品，由于投资范围较为灵活，实践中多为其他资产管理产品的投资通道。三是专项资产管理计划。实践中一般用于资产证券化业务。由证券公司成立专项资产管理计划购买待证券化的基础资产，作为发起资产证券化的特殊目的载体（SPV），计划份额在交易所市场流通转让。

基金及其子公司。基金公司的资产管理业务定位于公募性质的标准化证券投资，2012年，证监会允许基金公司通过设立子公司的形式，经营私募性质、投资非标准化资产的资产管理产品。业务类型主要包括：一是基金公司公募产品。基金公司向社会不特定对象或累计超过200人的特定对象发行受益凭证，根据投资范围可细分为股票型基金、债券型基金、股债混合基金、货币市场基金、QDII基金等。该类产品受《证券投资基金法》规范。二是基金公司专户产品。属于面向特定客户的私募产品，基金公司向特定客户募集资金或接受特定客户财产委托担任资产管理人，运用委托财产进行投资，投资范围包括现金、银行存款及其他标准化证券。三是基金子公司专户产品。基金公司下设的子公司开展的特定客户资产管理业务，属于私募性质，投资范围灵活，包括“未通过证券交易所转让的股权、债权及其他财产权利”，几乎涵盖所有标准化、非标准化资产。

期货公司。期货公司资产管理业务包括单一客户资产管理计划和特定多个客户资产管理计划，其中，单一客户的起始委托资产不得低于100万元，接受特定多个客户委托从事资产管理业务的具体规定，证监会仍在制定过程中。投资范围包括：期货、期权等金融衍生品，以及股票、债券、证券投资基金、集合资产管理计划、央行票据、短期融资券、资产支持证券等。

保险机构。保险资产管理公司在受托管理母公司（保险公司）、其他保险公司等第三方资金以及企业年金的同时，发行资产管理产品募集资金进行投资。产品主要包括债权投资计划、资产支持计划、股权投资计划、组合类产品等，发行范围限于合格的机构投资者，可定向向单一投资人、或集合向多个投资人发行。

非金融机构。私募基金管理人作为非金融机构，以非公开方式向合格投资者募集资金设立的私募基金主要分为两类，一类投资未上市股权，以赚取一二级市场价差为盈利模式，称之为私募股权投资基金；另一类专注于投资股票二级市场，称之为私募证券投资基金。同时，随着移动互联网、大数据、云计算等信息技术的发展，互联网企业、各类投资顾问公司等非金融机构自身，或通过与传统金融机构合作，也面向社会公众广泛开展了资产管理业务，余额宝等互联网理财产品因门槛低、收益高、可即时赎回等特点发展迅速。

（二）主要合作模式

由于投资范围、资本计提、分级杠杆等监管标准在不同行业存在差异等因素，出现了不同金融机构相互合作、多层嵌套的资产管理业务模式。

银行同业理财。即银行相互之间购买理财产品。同业理财属于批发性销售，具有期限短、收益率较高、发行成本较低的特点，且银行以自有资金购买同业理财在风险资本计提方面也相对灵活，可减少资本占用。因此，部分投资能力较弱的小银行倾向于购买大银行的理财产品迅速做大理财规模并保证收益。

银信合作。最初，银行通过将理财资金对接信托计划，向指定借款人提供信托贷款，监管趋严后银行理财转而引入信托收益权或嵌套证券公司资产管理计划，或以信托计划购买银行信贷资产，到期银行承诺溢价回购。银行还可委托信托公司将理财资金用于申购新股，投资限售股收益权、股权收益等。

银证、银基合作。银行理财资金借助证券公司或基金公司的资产管理计划，投资自身贷款收益权或票据收益权等，实现信贷资产出表。银行理财资金还通过投资证券公司或基金公司的资产管理计划中的优先级，最终投资于二级市场股票或参与定向增发等。

银保合作。银行通过购买保险资产管理计划或直接委托投资，将资金以定期或协议类存款方式存入另一家银行，使同业存款转变为一般性存款，以扩大资金来源和贷款规模。银行还可委托保险资产管理公司进行投资运作，将理财资金投向保险资产管理计划或其他金融机构产品，在此过程中嵌套信托公司、基金子公司等多类金融机构的产品。

银信证基保合作。除两两行业间的合作外，还有多个行业机构共同参与、合作的资产管理业务，包括银证信委托贷款（信托贷款）通道业务、银信证基合作的委外业务、银信证基合作的股票质押回购业务、银信证基开展的定向通道业务、银（证）保基合作的股权投资业务等。

三、资产管理业务发展中需要关注的主要问题

（一）资金池操作存在流动性风险隐患

在资产管理业务中，通过滚动发行、集合运作、期限错配、分离定价等方式，资产管理机构将募集的低价、短期资金投放到长期的债权或股权项目，以寻求收益最大化，到期能否兑付依赖于产品的不断发行能力，一旦难以募集到后续资金，可能会发生流动性紧张，并通过产品链条向对接的其他资产管理机构传导。如果产品层层嵌套，杠杆效应将不断放大，容易造成流动性风险的扩散。在资产端，也存在单一产品投资多类资产的投资组合模式，一些资产组合构成复杂且不透明。

（二）产品多层嵌套导致风险传递

银行理财拥有大量资金来源，投资范围基本局限于债权，股权投资受到一定限制，且不能做分级产品设计。在不愿放弃优质项目的情况下，一些银行理财以信托、证券、基金、保险资产管理产品为通道，将资金投向股权等产品。嵌套产品结构复杂，底层资产难以穿透，一旦发生风险，将影响各参与机构，

增加风险传递的可能性，加剧市场波动。多层嵌套的资产管理产品夹杂多层法律关系，如果委托机构主动管理缺失，通道机构尽职调查能力不足，发生损失时也容易出现责任推诿。此外，一些互联网平台、民间理财等未受到有效监管的非金融机构与金融机构合作进行产品嵌套，风险不容忽视。

（三）影子银行面临监管不足

银行信贷面临较为严格的资本充足率、合意贷款管理、贷款投向限制等监管要求，银行借助表外理财及其他类型资产管理产品实现“表外放贷”。银行表外理财，银信合作、银证合作、银基合作中投向非标准化债权类资产（以下简称“非标”）的产品，保险机构“名股实债”类投资等，具有影子银行特征。这类业务透明度低，容易规避贷款监管要求，部分投向限制性领域，而大多尚未纳入社会融资规模统计。

（四）刚性兑付使风险仍停留在金融体系

资产管理业务主要涉及信托关系或委托代理关系，也有部分业务的法律关系不清晰，实质是债权债务关系，存在隐性刚性兑付。例如，部分资产管理产品以自有资金或资金池资金确保预期收益，无法与自身的资产负债业务充分隔离。刚性兑付不但使风险在金融体系累积，也抬高了无风险收益率水平，扭曲了资金价格，影响了金融市场的资源配置效率，加剧了道德风险。

（五）部分非金融机构无序开展资产管理业务

非金融机构开展资产管理业务已经暴露出一些风险和问题。例如，将线下私募发行的资产管理产品通过线上分拆向非特定公众销售；向不具有风险识别能力的投资者推介产品，或未充分采取技术手段识别客户身份；开展虚假误导宣传，未充分揭示投资风险；未采取资金托管等方式保障投资者资金安全，甚至演变为非法集资。

四、促进资产管理业务规范健康发展

对资产管理业务快速发展过程中暴露出的突出风险和问题，要坚持有的放矢的问题导向，从统一同类产品的监管差异入手，建立有效的资产管理业务监管制度。

（一）分类统一标准规制，逐步消除套利空间

针对影子银行风险，要建立资产管理业务的宏观审慎政策框架，完善政策工具，从宏观、逆周期、跨市场的角度加强监测、评估和调节。同时，针对机构监管下的标准差异，要强化功能监管和穿透式监管，同类产品适用同一标准，消除套利空间，有效遏制产品嵌套导致的风险传递。

（二）引导资产管理业务回归本源，有序打破刚性兑付

资产管理业务回归“受人之托、代人理财”的本源，投资产生的收益和风险均应由投资者享有和承担，委托人只收取相应的管理费用。资产管理机构不得承诺保本保收益，加强投资者适当性管理和投资者教育，强化“卖者尽责、买者自负”的投资理念。加强资产管理业务与自营业务之间的风险隔离，严格受托人责任。逐步减少预期收益型产品的发行，向净值型产品转型，使资产价格的公允变化及时反映基础资产的风险。

（三）加强流动性风险管控，控制杠杆水平

强化单独管理、单独建账、单独核算要求，使产品期限与所投资资产存续期相匹配。鼓励金融机构设立具有独立法人地位的子公司专门开展资产管理业务。建立健全独立的账户管理和托管制度，充分隔离不同资产管理产品之间以及资产管理机构自有资金和受托管理资金之间的风险。统一同类产品的杠杆率，合理控制股票市场、债券市场杠杆水平，抑制资产泡沫。

（四）消除多层嵌套，抑制通道业务

对各类金融机构开展资产管理业务实行平等准入、给予公平待遇。限制层层委托下的嵌套行为，强化受托机构的主动管理职责，防止其为委托机构提供规避投资范围、杠杆约束等监管要求的通道服务。对基于主动管理、以资产配置和组合管理为目的的运作形式给出合理空间。

（五）加强“非标”业务管理，防范影子银行风险

强化对银行“非标”业务的监管，将银行表外理财产品纳入广义信贷范围，引导金融机构加强对表外业务风险的管理。规范银行信贷资产及其收益权转让业务。控制并逐步缩减“非标”投资规模，加强投前尽职调查、风险审查和投后风险管理。

（六）建立综合统计制度，为穿透式监管提供根本基础

针对资产管理业务统计分散问题，加快建设覆盖全面、标准统一、信息共享的综合统计体系，逐支产品统计基本信息、募集信息、资产负债信息、终止信息。以此为基础，实现对底层投资资产和最终投资者的穿透识别，及时、准确掌握行业全貌，完整反映风险状况。

专题二

存款保险的市场化风险化解机制

存款保险制度是现代金融安全网的三大核心支柱之一，作为应对危机和处置金融风险的重要平台，是防范和化解金融风险的重要防线。2013年11月，党的十八届三中全会《关于全面深化改革若干重大问题的决定》明确要求“建立存款保险制度，完善金融机构市场化退出机制”。2015年5月1日《存款保险条例》（以下简称《条例》）施行以来，存款保险制度实施各项工作扎实有序推进，防范和化解金融风险的作用逐步发挥。按照2016年中央经济工作会议关于“要把防控金融风险放到更加重要的位置，下决心处置一批风险点”的精神，存款保险正着力完善风险识别和处置功能，进一步发挥存款保险市场化风险化解机制的重要作用。

一、金融风险处置的国内外实践和经验教训

（一）通过实施早期纠正和有效处置措施，及时防范和化解金融风险

金融风险管理的关键，是要通过良好的制度设计对风险进行有效的疏导、识别和管理，对风险早发现、早处置。各国在风险处置方式的选择上，经过了一个探索和总结经验的过程。美国20世纪80年代处理储贷危机，采用了将问题储贷机构不良资产剥离到专门的处置公司——信托处置公司（RTC）的风险化解方式。最终储贷危机造成1500多亿美元的损失，负责处置储贷机构风险的美国联邦储贷保险公司（FSLIC），基金耗尽并破产。吸取储贷危机教训，美国于1991年通过立法对传统的制度进行了改革，引入风险差别费率和早期纠正机制（Prompt Corrective Action，PCA），明确存款保险具有适度监管功能，按银行风险等级确定存款保险适用费率，对有问题的投保机构视风险程度，分档次加以约束和强制性改进。具体而言，根据金融机构资本充足水平的不同，对其提出限期整改措施，对金融机构风险进行必要的干预和限制，包括限制关联交易和资产增长、要求补充资本等。在银行资本耗尽前，及时接管处置，避免危及存款安全，在减小存款保险基金可能发生损失的同时，降低金融风险发生的概率。实践表明，存款保险对问题投保机构进行早期纠正和及时处置，不仅提高了金融监管整体效率，同时在提高美国银行业资本充足水平、增强抗风险能力方面的作用也十分明显。

当前，赋予存款保险早期发现和及时纠正职能已成为改革的趋势。国际存款保险协会（IADI）指出，赋予存款保险对问题银行的早期纠正职能，可以给监管机构形成一定压力，防止或者减少监管宽容，促进监管质量和效率的提升。中国在研究存款保险制度功能时，总结国内外正反两方面的经验教训，强

调存款保险不能做单纯的出纳或“付款箱”，赋予存款保险早期纠正职能，对于风险的早发现和少发生更有利，提出存款保险与金融监管部门要适当分工，各有侧重，共同提升金融安全网的整体效能。

（二）2008年国际金融危机再次验证，要充分发挥存款保险市场化风险处置平台的作用，完善金融机构市场化退出机制

2008年发生的国际金融危机是对存款保险制度一次最好的检验。截至2016年12月末，美国在危机中倒闭了525家银行，但面对危机，美国依靠其比较成熟有效的存款保险平台，按照“成本最小化”原则，灵活运用收购承接、过桥银行等市场化处置方式，及时化解了不同规模银行的倒闭风险，其中包括花旗银行、华盛顿互惠银行、印地麦克银行等大型银行，还最大程度减少了处置成本，有效维护了公众信心和美国金融体系的稳定。汲取成功经验，美国大幅扩展了联邦存款保险公司（FDIC）的处置职责范围，将其延伸至具有系统重要性的非银行金融机构，使存款保险制度成为覆盖整个金融业的风险防范和处置制度安排。与美国存款保险发挥的重要作用相比，欧洲国家以“付款箱”模式为主的存款保险制度，只能事后对存款人进行被动赔付，作用十分有限，应对危机和维护公众信心的能力明显不足。欧洲各国主要依赖公共财政资源，通过政府资产重组、出台“坏银行”计划剥离不良资产、实施国有化等措施处置风险，其中包括欧洲的苏格兰皇家银行、西德意志银行、富通银行等多家金融机构，引起对公共财政资源使用的广泛争议，不仅损害了纳税人利益、破坏市场纪律，也为后续的政策退出增加了难度，在一定程度上加剧了欧洲国家主权债务风险。

金融稳定理事会在总结此次危机的经验时认为，存款保险不仅仅是银行倒闭时的处置平台，也是维护金融稳定的一项基础性制度安排，并在危机后将《有效存款保险制度核心原则》列入国际金融核心标准。根据IADI 2013年调查，赋予存款保险一定风险处置职能的国家比例，从2005年的50%进一步提升至2011年的65%。存款保险的处置工具也在不断完善，56%可以实施收购承接，53%可以提供救助，47%可以促成并购重组，37%可以设立过桥银行，50%可以管理银行资产。

（三）中国金融风险处置的实践探索也表明，市场化的风险处置机制有利于防范金融体系道德风险，建立维护金融稳定的长效机制

20世纪80年代以来，中国经历了两个大规模处置金融风险的阶段。一是1997年至2001年，集中整顿金融秩序，及时处置中小金融机构风险。根据国务院下发的《关于深化金融改革，整顿金融秩序，防范金融风险的通知》，人民银行采取合并重组、撤销、解散、关闭、破产等方式，对一批高风险金融机构实施了市场退出。二是2003年至2007年，大规模处置证券、信托投资公司等金融机构风险，完善防范金融风险的长效机制，同时，采取行政撤销和停业整顿等方式妥善处置了一批高风险中小银行业金融机构。人民银行等部门通过补充资本金、发放再贷款等措施，支持相关金融机构重组改制，并支持兑付和收购个人债权，妥善化解了金融风险。

总体上看，中国在处置金融风险方面有了相当的实践基础，积累了一些成功经验，但同时也应该看到，当时防范和处置金融风险的法律制度尚未健全，特别是由于当时存款保险制度尚未建立，市场配置金融资源的基础性作用不能有效发挥，金融业防范和处置金融风险的能力亟待增强。一是缺乏对问题机构的早期纠正机制，难以做到风险“早发现、早处置”，处置成本高昂。二是缺乏有效的存款人保护制度，难以防止银行挤兑。三是缺乏专业化的处置平台，处置的市场化程度不高，效率低下。四是缺乏正向的激励约束机制，容易引发金融体系道德风险。

二、存款保险制度进一步完善金融机构市场化退出法律体系

（一）以存款保险为主构建银行业金融机构市场化退出制度，是各国普遍做法

从国际立法实践看，各国普遍确立了以存款保险制度为主的银行业金融机构市场化退出制度。目前，主要发达国家和地区银行业金融机构退出市场之前主要由存款保险机构及时纠正风险、及时处置风险、及时清理公众债权。目前，国际上银行市场化退出制度主要有三种模式：

一是以存款保险法作为银行市场化退出制度。针对存款人保护在银行风险处置中的特殊性，由存款保险主导问题投保机构的重组和风险处置，典型代表如美国。美国《联邦存款保险法》确立并规范了银行风险处置和市场化退出制度，FDIC是美国金融风险处置当局，有权启动对问题投保机构的接管处置、实施清算，并担任问题投保机构的接管人、清算人。二是以存款保险法为主构建的银行市场化退出制度。在妥善解决存款人保护及与之相关的社会稳定问题后，问题投保机构能够通过正常的司法程序实现市场退出，典型代表是部分欧盟成员、加拿大、日本、韩国、中国台湾地区、俄罗斯等。以日本为例，日本《存款保险法》确立了存款保险制度在银行风险处置中的主导地位，并将其作

为落实危机应对措施的重要平台。三是少数没有制定专门存款保险法的国家，银行市场化退出适用企业破产法。典型代表如澳大利亚。

（二）存款保险制度在银行业金融机构市场化退出中发挥主导作用，有利于充分保障存款人合法权益，提高处置效率

为做到风险的早发现和少发生，借鉴国际上比较成功的做法，《条例》第7条已明确规定存款保险“依照本条例的规定采取早期纠正措施和风险处置措施”。为减少存款保险基金的损失，并与现行法律做好衔接，依据《条例》第18、19条规定，存款保险依法担任接管组织、实施清算，在基金使用成本最小化的前提下，灵活运用收购与承接等市场化处置措施，充分保护存款人利益，在快速、有效处置金融风险的同时，确保银行业正常经营和金融稳定。存款保险制度建立，标志着中国银行业金融机构风险处置和市场化退出制度的进一步完善。存款保险作为调整完善对存款人保护、处置问题投保机构和实施市场化退出的重要环节，将大大提高金融风险处置效率，为及时化解和妥善处置金融风险提供制度和法律基础。

附录

统计资料

附表 1　　主要宏观经济指标

项目	2012	2013	2014	2015	2016
国内生产总值（亿元）	540 367	595 244	643 974	679 052	744 127
工业增加值	199 671	210 689	227 991	228 974	247 860
固定资产投资总额（亿元）	374 695	447 074	512 761	562 000	606 466
社会消费品零售总额（亿元）	210 307	237 810	262 394	300 931	332 316
货物进出口总额（亿美元）	38 671	41 600	264 334	245 741	243 386
出口	20 487	22 096	143 912	141 255	138 455
进口	18 184	19 504	120 423	104 485	104 932
差额	2 303	2 592	23 489	36 770	33 523
实际使用外商直接投资（亿美元）	1 117	1 176	1 196	1 263	1 260
外汇储备（亿美元）	33 116	38 213	38 430	33 304	30 105
居民消费价格指数（上年=100）	102.6	102.6	102.0	101.4	102.0
财政收入（亿元）	117 253.52	129 143	140 350	152 217	159 552
财政支出（亿元）	125 952.97	139 744	151 662	175 768	187 841
城镇居民人均可支配收入（元）	24 565	26 955	28 844	31 195	33 616
农村居民人均可支配收入（元）			10 489	11 422	12 363
城镇就业人员(百万)	371.0	382.4	393.1	404.1	414.3
城镇登记失业率（%）	4.1	4.05	4.09	4.05	4.02
总人口（百万）	1 354.0	1 360.7	1 367.8	1 374.6	1 382.7

注：1. 2012—2015年国内生产总值为最终核实数，2016年国内生产总值为初步核算数。

2. 2016年，国家统计局修改了国内生产总值核算方法，并据此修订了1952—2015年国内生产总值历史数据，表中为修订后数据。

数据来源：根据《中国统计年鉴》和《中国国民经济和社会发展统计公报》等相关资料整理。

附表2 **主要金融指标（一）**

（年末余额）

单位：亿元

项目	2012	2013	2014	2015	2016
M_2	974 148.8	1 106 525.0	1 228 374.8	1 392 278.1	1 550 067
M_1	308 673.0	337 291.1	348 056.4	400 953.4	486 557
M_0	54 659.8	58 574.4	60 259.5	63 217.6	68 304
金融机构各项存款	917 368.1	1 043 846.9	1 138 644.6	1 357 021.6	1 505 864
储蓄存款	399 546.9	447 601.6	485 261.3	526 281.8	569 149
非金融企业存款	327 444.9	361 555.2	378 333.8	430 247.4	502 178
金融机构各项贷款	629 906.6	718 961.5	816 770.0	939 540.2	1 066 040

数据来源：中国人民银行。

附表 3 **主要金融指标（二）**

（增长率）

单位：%

项目	2012	2013	2014	2015	2016
M_2	13.80	13.59	12.16	13.34	11.33
M_1	6.49	9.27	3.19	15.20	21.35
M_0	7.71	7.16	2.88	4.91	8.05
金融机构各项存款	13.34	13.76	9.08	12.44	10.97
储蓄存款	16.27	12.03	8.41	8.45	8.15
非金融企业存款	7.89	10.43	4.64	13.72	16.72
金融机构各项贷款	14.96	14.14	13.60	14.30	13.46

注：由于统计制度的调整，本表增长率是经过调整的可比口径的同期比。
数据来源：中国人民银行。

附表 4 **国际流动性**

单位：百万美元

项目	2012	2013	2014	2015	2016
总储备（减黄金）	3 325 440	3 833 291	3 853 760	3 341 006	3 026 557
特别提款权	11 366	11 184	10 456	10 282	9 681
在基金储备头寸	2 485	792	286	362	6 359
外汇	3 311 589	3 821 315	3 843 018	3 330 362	3 010 517
黄金（百万盎司）	33.89	33.89	33.89	56.66	59.24
黄金（折价）	9 815	9 815	9 815	60 191	67 878
其他存款性公司国外负债	157 509	294 789	409 995	199 865	182 683

注：黄金2016年末为市值价值，以往数据不可比。
数据来源：中国人民银行。

附表5　　黄金、外汇储备

年 份	黄金储备（万盎司）	外汇储备（亿美元）	外汇储备比上年增长（%）
1998	1 267	1 449.6	3.6
1999	1 267	1 546.8	6.7
2000	1 267	1 655.7	7.0
2001	1 608	2 121.7	28.1
2002	1 929	2 864.1	35.0
2003	1 929	4 032.5	40.8
2004	1 929	6 099.3	51.3
2005	1 929	8 188.7	34.3
2006	1 929	10 663.4	30.2
2007	1 929	15 282.5	43.3
2008	1 929	19 460.3	27.3
2009	3 389	23 991.5	23.3
2010	3 389	28 473.4	18.7
2011	3 389	31 811.5	10.7
2012	3 389	33 115.9	4.1
2013	3 389	38 213.2	15.4
2014	3 389	38 430.2	0.6
2015	5 666	33 303.6	-13.3
2016	5 924	30 105.2	-9.6

数据来源：中国人民银行。

附表 6　　金融业资产简表

（2016年12月31日）

单位：万亿元

项目	资产
金融业	286.22
中央银行	34.37
银行业金融机构	232.25
证券期货业金融机构	4.48
保险业金融机构	15.12

注：证券业金融机构资产指不包含客户资产的证券公司总资产。
数据来源：中国人民银行金融稳定分析小组估算。

附表 7

2016年存款性公司概览

（季末余额）

单位：亿元

项目	第一季度	第二季度	第三季度	第四季度
国外净资产	271 902.51	270 808.24	268 410.62	263 947.53
国内信贷	1 425 206.59	1 496 112.44	1 544 356.39	1 600 067.21
对政府债权（净）	105 297.31	128 867.58	146 868.01	162 351.58
对非金融部门债权	1 089 233.25	1 118 050.46	1 139 687.61	1 166 092.58
对其他金融部门债权	230 676.03	249 194.40	257 800.77	271 623.05
货币和准货币	1 446 198.03	1 490 491.83	1 516 360.50	1 550 066.67
货币	411 581.31	443 643.70	454 340.25	486 557.24
流通中货币	64 651.21	62 818.89	65 068.62	68 303.87
单位活期存款	346 930.10	380 824.81	389 271.63	418 253.37
准货币	1 034 616.71	1 046 848.13	1 062 020.26	1 063 509.43
单位定期存款	300 623.37	301 673.99	315 077.15	307 989.61
个人存款	586 855.68	587 548.66	598 880.53	603 504.20
其他存款	147 137.66	157 625.48	148 062.57	152 015.62
不纳入广义货币的存款	38 640.09	39 130.29	40 162.25	44 874.49
债券	172 910.91	181 274.72	191 976.93	201 110.89
实收资本	44 207.92	44 560.14	45 562.81	47 166.59
其他（净）	−4 847.84	11 463.70	18 704.51	20 796.11

数据来源：中国人民银行。

附表8　**2016年货币当局资产负债表**

（季末余额）

单位：亿元

项目	第一季度	第二季度	第三季度	第四季度
国外资产	246 545.30	245 223.59	238 943.29	229 795.77
外汇	238 365.77	236 307.53	229 108.68	219 425.26
货币黄金	2 416.61	2 487.73	2 530.43	2 541.50
其他国外资产	5 762.92	6 428.33	7 304.17	7 829.01
对政府债权	15 312.73	15 274.09	15 274.09	15 274.09
其中：中央政府	15 312.73	15 274.09	15 274.09	15 274.09
对其他存款性公司债权	44 158.16	57 566.49	61 905.21	84 739.02
对其他金融性公司债权	6 654.59	6 657.69	6 657.69	6 324.41
对非金融部门债权	72.10	74.74	71.69	81.03
其他资产	13 473.58	13 345.56	12 098.46	7 497.26
总资产	**326 216.46**	**338 142.16**	**334 950.43**	**343 711.59**
储备货币	283 376.58	289 070.82	290 706.67	308 979.61
货币发行	71 352.51	69 030.85	71 920.48	74 884.44
其他存款性公司存款	212 024.07	220 039.97	218 786.19	234 095.17
不计入储备货币的金融性公司存款	3 909.69	4 759.53	5 712.91	6 485.03
发行债券	6 572.00	6 572.00	764.00	500.00
国外负债	3 827.75	3 881.51	3 786.76	3 195.07
政府存款	27 338.77	31 797.32	29 920.44	25 062.70
自有资金	219.75	219.75	219.75	219.75
其他负债	971.93	1 841.23	3 839.89	−730.58
总负债	**326 216.46**	**338 142.16**	**334 950.43**	**343 711.59**

数据来源：中国人民银行。

附表 9　　2016年其他存款性公司资产负债表

（季末余额）

单位：亿元

项目	第一季度	第二季度	第三季度	第四季度
国外资产	41 063.46	42 585.43	46 034.22	50 019.57
储备资产	221 686.94	230 116.56	230 545.77	246 447.18
准备金存款	214 985.66	223 904.60	223 693.91	239 866.61
库存现金	6 701.27	6 211.96	6 851.86	6 580.57
对政府债权	117 323.34	145 390.81	161 514.36	172 140.19
其中：中央政府	117 323.34	145 390.81	161 514.36	172 140.19
对中央银行债权	6 160.88	5 695.55	677.21	525.23
对其他存款性公司债权	300 636.14	304 319.78	304 521.91	315 878.20
对其他金融机构债权	224 021.44	242 536.71	251 143.08	265 298.63
对非金融机构债权	809 470.17	821 461.39	825 631.79	836 467.90
对其他居民部门债权	279 690.98	296 514.34	313 984.13	329 543.65
其他资产	75 906.17	81 626.14	82 685.66	87 435.13
总资产	**2 075 959.53**	**2 170 246.70**	**2 216 738.13**	**2 303 755.70**
对非金融机构及住户负债	1 314 172.28	1 356 212.53	1 387 791.35	1 420 678.69
纳入广义货币的存款	1 234 409.16	1 270 047.46	1 303 229.32	1 329 747.18
单位活期存款	346 930.10	380 824.81	389 271.63	418 253.37
单位定期存款	300 623.37	301 673.99	315 077.15	307 989.61
个人存款	586 855.68	587 548.66	598 880.53	603 504.20
不纳入广义货币的存款	38 640.09	39 130.29	40 162.25	44 874.49
可转让存款	11 354.26	11 064.60	12 078.45	14 028.43
其他存款	27 285.83	28 065.68	28 083.80	30 846.06
其他负债	41 123.03	47 034.79	44 399.78	46 057.02
对中央银行负债	46 855.28	60 246.77	64 388.36	87 879.65
对其他存款性公司负债	123 721.19	131 786.23	135 593.43	144 836.81
对其他金融性公司负债	150 575.65	160 883.66	151 793.89	157 274.92
其中：计入广义货币的存款	147 137.66	157 625.48	148 062.57	152 015.62
国外负债	11 878.50	13 119.28	12 780.13	12 672.74
债券发行	172 910.91	181 274.72	191 976.93	201 110.89
实收资本	43 988.16	44 340.39	45 343.06	46 946.84
其他负债	211 857.56	222 383.11	227 070.99	232 355.17
总负债	**2 075 959.53**	**2 170 246.70**	**2 216 738.13**	**2 303 755.70**

数据来源：中国人民银行。

附表 10

2016年中资大型银行资产负债表

（季末余额）

单位：亿元

项目	第一季度	第二季度	第三季度	第四季度
国外资产	24 543.32	24 979.54	26 959.07	28 224.02
储备资产	119 903.53	120 200.02	122 195.23	126 353.55
准备金存款	116 271.21	116 829.35	118 345.62	122 710.30
库存现金	3 632.32	3 370.67	3 849.61	3 643.25
对政府债权	75 559.71	93 249.80	103 001.20	110 144.47
其中：中央政府	75 559.71	93 249.80	103 001.20	110 144.47
对中央银行债权	5 909.69	5 399.56	656.09	500.33
对其他存款性公司债权	126 253.41	126 138.32	120 417.51	116 794.94
对其他金融性公司债权	49 824.29	53 321.01	53 858.12	57 488.73
对非金融性公司债权	434 838.21	440 332.74	440 415.75	442 329.72
对其他居民部门债权	149 575.96	158 545.98	167 363.88	174 812.05
其他资产	41 925.63	45 920.22	45 765.91	46 962.09
总资产	**1 028 333.76**	**1 068 087.18**	**1 080 632.77**	**1 103 609.89**
对非金融机构及住户负债	705 597.47	720 161.04	735 166.88	741 531.74
纳入广义货币的存款	647 669.74	656 317.86	672 722.82	676 781.19
单位活期存款	177 794.96	191 171.54	195 468.13	200 970.93
单位定期存款	116 977.00	115 272.39	119 485.99	116 787.73
个人存款	352 897.78	349 873.93	357 768.69	359 022.53
不纳入广义货币的存款	20 066.48	20 836.22	21 682.87	23 882.77
可转让存款	5 423.26	5 054.20	5 845.97	6 599.10
其他存款	14 643.22	15 782.02	15 836.89	17 283.67
其他负债	37 861.25	43 006.96	40 761.19	40 867.77
对中央银行负债	26 001.40	34 153.19	34 937.91	45 262.48
对其他存款性公司负债	21 770.90	28 312.05	30 442.12	31 388.41
对其他金融性公司负债	55 160.28	60 110.44	52 331.67	54 179.29
其中：计入广义货币的存款	54 070.57	59 098.67	51 248.85	52 951.96
国外负债	4 873.52	4 989.68	5 323.35	5 355.66
债券发行	83 055.29	84 580.01	86 122.53	86 961.85
实收资本	20 632.41	20 607.96	20 728.35	20 848.90
其他负债	111 242.47	115 172.81	115 579.96	118 081.57
总负债	**1 028 333.76**	**1 068 087.18**	**1 080 632.77**	**1 103 609.89**

数据来源：中国人民银行。

附表 11

2016年中资中型银行资产负债表

（季末余额）

单位：亿元

项目	第一季度	第二季度	第三季度	第四季度
国外资产	13 500.87	14 612.85	16 238.87	18 574.46
储备资产	42 456.57	45 166.18	42 925.46	45 696.20
准备金存款	41 857.76	44 604.43	42 335.72	45 057.01
库存现金	598.81	561.75	589.73	639.19
对政府债权	23 357.49	30 845.15	34 957.05	36 915.26
其中：中央政府	23 357.49	30 845.15	34 957.05	36 915.26
对中央银行债权	123.50	122.00	0.00	0.00
对其他存款性公司债权	58 283.25	61 050.49	61 245.90	63 915.31
对其他金融性公司债权	85 589.46	91 619.47	94 665.63	102 136.95
对非金融性公司债权	187 591.85	189 252.79	190 044.51	193 236.87
对其他居民部门债权	58 653.37	63 433.97	68 856.80	74 314.09
其他资产	14 428.09	14 605.98	15 062.53	15 322.79
总资产	**483 984.46**	**510 708.89**	**523 996.76**	**550 111.94**
对非金融机构及住户负债	232 868.14	242 547.90	244 358.86	252 664.32
纳入广义货币的存款	218 408.62	228 096.85	230 536.18	236 599.56
单位活期存款	77 981.09	88 156.92	87 843.66	98 436.64
单位定期存款	94 126.18	93 008.15	96 923.79	92 885.37
个人存款	46 301.35	46 931.78	45 768.73	45 277.54
不纳入广义货币的存款	12 969.10	12 393.62	12 101.37	13 738.14
可转让存款	3 535.18	3 575.24	3 608.20	4 117.50
其他存款	9 433.93	8 818.38	8 493.17	9 620.64
其他负债	1 490.41	2 057.44	1 721.32	2 326.62
对中央银行负债	15 942.60	19 910.37	22 649.34	31 769.20
对其他存款性公司负债	40 638.73	40 663.27	43 836.20	49 315.13
对其他金融性公司负债	66 473.79	70 036.51	66 760.63	68 878.21
其中：计入广义货币的存款	65 426.03	69 064.48	65 694.47	67 153.00
国外负债	2 233.24	3 512.31	3 338.24	3 414.16
债券发行	71 672.30	76 485.08	84 017.56	86 078.68
实收资本	4 461.44	4 510.51	4 777.45	5 233.07
其他负债	49 694.22	53 042.94	54 258.47	52 759.18
总负债	**483 984.46**	**510 708.89**	**523 996.76**	**550 111.94**

数据来源：中国人民银行。

附表 12　**2016年中资小型银行资产负债表**

（季末余额）

单位：亿元

项目	第一季度	第二季度	第三季度	第四季度
国外资产	782.49	641.32	663.52	881.87
储备资产	44 807.21	49 063.53	49 425.39	55 723.96
准备金存款	43 150.64	47 502.17	47 738.48	54 019.42
库存现金	1 656.57	1 561.36	1 686.91	1 704.54
对政府债权	15 451.85	17 978.61	20 423.32	21 708.61
其中：中央政府	15 451.85	17 978.61	20 423.32	21 708.61
对中央银行债权	40.76	34.88	18.62	24.91
对其他存款性公司债权	70 508.52	72 426.75	77 337.16	87 447.57
对其他金融性公司债权	80 541.70	89 455.44	94 026.01	97 708.86
对非金融性公司债权	138 423.45	143 308.43	147 682.66	152 228.48
对其他居民部门债权	49 218.90	52 604.49	56 499.06	60 018.72
其他资产	13 664.47	14 714.08	15 793.95	16 889.78
总资产	**413 439.35**	**440 227.52**	**461 869.70**	**492 632.74**
对非金融机构及住户负债	269 326.94	286 479.35	301 089.36	314 329.36
纳入广义货币的存款	266 068.56	283 048.26	297 389.66	309 906.22
单位活期存款	64 668.66	72 837.57	77 206.31	84 609.36
单位定期存款	67 014.05	69 884.71	72 970.40	72 679.52
个人存款	134 385.84	140 325.99	147 212.95	152 617.34
不纳入广义货币的存款	2 155.35	2 169.40	2 327.06	2 645.86
可转让存款	415.17	403.89	450.69	600.43
其他存款	1 740.18	1 765.52	1 876.36	2 045.43
其他负债	1 103.03	1 261.68	1 372.65	1 777.28
对中央银行负债	3 914.57	4 962.56	5 555.64	9 510.22
对其他存款性公司负债	47 312.07	49 313.76	48 425.40	52 388.42
对其他金融性公司负债	26 727.80	28 573.45	30 872.69	32 396.67
其中：计入广义货币的存款	25 877.10	27 840.47	29 766.04	30 625.89
国外负债	839.80	671.48	717.78	641.85
债券发行	17 633.80	19 779.69	21 393.53	27 607.65
实收资本	11 039.49	11 418.27	11 955.40	12 659.34
其他负债	36 644.89	39 028.97	41 859.89	43 099.22
总负债	**413 439.35**	**440 227.52**	**461 869.70**	**492 632.74**

数据来源：中国人民银行。

附表13

2016年外资银行资产负债表

（季末余额）

单位：亿元

项目	第一季度	第二季度	第三季度	第四季度
国外资产	1 983.64	2 066.16	1 898.73	2 070.88
储备资产	2 868.53	3 107.26	3 584.13	4 059.87
准备金存款	2 858.75	3 098.44	3 575.12	4 051.10
库存现金	9.78	8.83	9.01	8.77
对政府债权	1 686.78	1 945.95	1 807.48	1 958.02
其中：中央政府	1 686.78	1 945.95	1 807.48	1 958.02
对中央银行债权	86.93	138.09	2.50	0.00
对其他存款性公司债权	4 683.10	4 684.07	5 293.65	5 697.53
对其他金融性公司债权	2 545.12	2 454.08	2 469.24	2 738.25
对非金融性公司债权	10 316.01	10 251.69	9 832.20	10 254.49
对其他居民部门债权	1 002.26	1 023.02	1 040.37	1 081.24
其他资产	1 019.13	1 637.62	1 586.83	3 809.46
总资产	**26 191.50**	**27 307.94**	**27 515.13**	**31 669.73**
对非金融机构及住户负债	13 683.79	14 452.25	15 130.53	17 153.13
纳入广义货币的存款	10 314.51	10 781.15	11 472.63	12 731.07
单位活期存款	2 989.85	3 471.74	3 198.54	4 425.12
单位定期存款	5 922.42	5 955.17	6 946.54	6 995.68
个人存款	1 402.24	1 354.24	1 327.56	1 310.28
不纳入广义货币的存款	2 810.99	3 047.44	3 199.60	3 477.52
可转让存款	1 529.20	1 591.72	1 645.17	1 844.67
其他存款	1 281.79	1 455.73	1 554.42	1 632.85
其他负债	558.29	623.66	458.30	944.54
对中央银行负债	34.32	179.79	274.37	167.80
对其他存款性公司负债	2 484.40	2 313.15	2 473.75	2 610.92
对其他金融性公司负债	1 631.85	1 448.80	1 247.43	1 240.85
其中：计入广义货币的存款	1 484.07	1 293.29	1 037.13	1 027.39
国外负债	3 905.35	3 926.62	3 384.32	3 247.44
债券发行	317.93	201.97	196.84	183.79
实收资本	1 748.38	1 780.84	1 757.56	1 760.61
其他负债	2 385.47	3 004.50	3 050.34	5 305.19
总负债	**26 191.50**	**27 307.94**	**27 515.13**	**31 669.73**

数据来源：中国人民银行。

附表 14

2016年农村信用社资产负债表

（季末余额）

单位：亿元

项目	第一季度	第二季度	第三季度	第四季度
国外资产	3.32	3.55	3.70	3.62
储备资产	9 698.17	10 519.59	10 111.04	11 574.25
准备金存款	8 894.40	9 810.31	9 394.45	10 989.44
库存现金	803.77	709.28	716.59	584.81
对政府债权	1 206.75	1 294.38	1 255.31	1 349.51
其中：中央政府	1 206.75	1 294.38	1 255.31	1 349.51
对中央银行债权	0.00	0.00	0.00	0.00
对其他存款性公司债权	27 002.57	25 247.97	24 680.08	22 290.18
对其他金融性公司债权	2 983.64	3 248.11	3 152.79	2 642.19
对非金融性公司债权	21 914.37	20 786.55	19 760.80	19 471.16
对其他居民部门债权	20 485.44	20 089.21	19 305.78	18 258.74
其他资产	4 558.53	4 450.33	4 211.50	4 160.20
总资产	**87 852.79**	**85 639.67**	**82 481.00**	**79 749.85**
对非金融机构及住户负债	64 256.37	62 305.64	59 913.43	57 661.97
纳入广义货币的存款	64 150.12	62 224.64	59 830.29	57 525.89
单位活期存款	9 619.33	10 336.09	10 548.71	10 124.47
单位定期存款	2 664.18	2 827.77	2 480.96	2 127.42
个人存款	51 866.61	49 060.79	46 800.62	45 274.00
不纳入广义货币的存款	5.61	4.74	4.84	5.88
可转让存款	0.58	0.40	0.82	1.49
其他存款	5.03	4.34	4.02	4.40
其他负债	100.64	76.25	78.30	130.21
对中央银行负债	844.43	916.49	828.56	984.43
对其他存款性公司负债	10 928.46	10 452.41	9 886.10	8 609.40
对其他金融性公司负债	449.55	575.02	445.60	435.60
其中：计入广义货币的存款	177.46	232.17	216.54	147.43
国外负债	0.09	0.18	0.14	0.02
债券发行	40.22	37.78	60.11	72.46
实收资本	2 373.20	2 224.86	2 128.64	2 145.82
其他负债	8 960.48	9 127.29	9 218.42	9 840.14
总负债	**87 852.79**	**85 639.67**	**82 481.00**	**79 749.85**

数据来源：中国人民银行。

附表15

证券市场概况统计表

年份	2011	2012	2013	2014	2015	2016
境内上市公司数（A、B股）（家）	2 342	2 494	2 489	2 613	2 827	3 052
境内上市外资股（B股）（家）	108	107	106	104	101	100
境外上市公司数（H股）（家）	171	179	182	205	231	241
总发行股本（亿股）	36 095.52	38 395.00	40 569.08	43 610.13	49 997.26	55 820.50
其中：流通股本（亿股）	28 850.26	31 339.60	36 744.16	39 104.28	44 026.44	48 206.26
股票市价总值（亿元）	214 758.10	230 357.62	239 077.19	372 546.96	531 304.20	508 245.11
其中：股票流通市值（亿元）	164 921.30	181 658.26	199 579.54	315 624.31	417 925.40	393 266.27
股票交易量（亿股）	33 957.55	32 881.06	48 372.67	73 754.61	171 039.46	94 201.17
股票成交金额（亿元）	421 646.74	314 667.41	468 728.60	743 912.98	2 550 538.29	1 267 262.64
上证综合指数（收盘）	2 199.42	2 269.13	2 115.98	3 234.68	3 539.18	3 103.64
深证综合指数（收盘）	866.65	881.17	1 057.67	1 415.19	2 308.91	1 969.11
投资者账户（万）	–	–	–	7 294.36	9 910.54	11 811.04
期末平均市盈率						
上海	13.40	12.30	10.99	15.99	17.63	18.03
深圳	23.11	22.01	27.76	34.05	52.75	52.20
平均换手率（%）						
上海	124.80	101.59	123.59	439.50	388.50	220.89
深圳	340.49	297.85	389.11	635.81	946.04	539.68
国债发行额（亿元）	17 100	16 154	20 230	21 747	59 408	91 086
公司信用类债券发行额（亿元）		37 365	36 784	51 516	67 205	82 242
银行间市场国债现货成交金额（亿元）			58 152	58 797	99 296	126 130
银行间市场国债回购成交金额（亿元）			591 766	839 347	1 589 806	1 757 356
证券投资基金只数（只）	914	1 173	1 552	1 897	2 722	3 867
证券投资基金规模（亿元）	26 510.37	28 661.81	30 025.77	45 353.61	83 971.83	91 593.05
交易所上市证券投资基金成交金额（亿元）	6 365.80	8 667.36	12 562.04	19 904.62	76 859.68	13 745.89
期货成交总量（万手）	105 413.75	145 052.57	206 182.30	250 585.57	357 768.26	413 781.28
期货成交额（亿元）	1 375 162.44	1 711 269.35	2 674 662.02	2 919 882.26	5 530 159.69	1 956 339.00

数据来源：中国人民银行、中国证监会、中国证券投资基金业协会、中央结算公司。

附表16 股票市值与GDP的比率

单位：亿元，%

年份	GDP	市价总值	比率	GDP	流通市值	比率
1999	89 677	26 471	29.52	89 677	8 214	9.16
2000	99 215	48 091	48.47	99 215	16 088	16.21
2001	109 655	43 522	39.69	109 655	14 463	13.19
2002	120 333	38 329	31.85	120 333	12 485	10.38
2003	135 823	42 458	31.26	135 823	13 179	9.70
2004	159 878	37 056	23.18	159 878	11 689	7.31
2005	183 868	32 430	17.64	183 868	10 631	5.78
2006	211 923	89 404	42.19	211 923	25 004	11.80
2007	249 530	327 141	131.10	249 530	93 064	37.30
2008	300 670	121 366	40.36	300 670	45 214	15.04
2009	335 353	243 939	72.74	335 353	151 259	45.10
2010	397 983	265 422	66.69	397 983	193 110	48.52
2011	471 564	214 758	45.54	471 564	164 921	34.97
2012	519 322	230 358	44.36	519 322	181 658	34.98
2013	568 845	239 077	42.03	568 845	199 580	35.09
2014	636 463	372 547	58.53	636 463	315 624	49.59
2015	676 708	531 304	78.51	676 708	417 925	61.76
2016	744 127	508 245	68.30	744 127	393 266	52.85

数据来源：国家统计局、中国证监会。

附表17 境内股票筹资额和银行贷款增加额的比率

单位：亿元，%

年份	境内股票筹资额	银行贷款增加额	比率
1999	897.39	10 846.36	8.27
2000	1 541.02	13 346.61	11.55
2001	1 182.13	12 439.41	9.50
2002	779.75	18 979.20	4.11
2003	823.10	27 702.30	2.97
2004	862.67	19 201.60	4.49
2005	338.13	16 492.60	2.05
2006	2 463.70	30 594.89	8.05
2007	7 722.99	36 405.60	21.21
2008	2 619.71	41 703.76	6.28
2009	3 894.53	96 290.18	4.04
2010	8 954.99	79 510.73	11.26
2011	5 073.07	68 751.14	7.38
2012	3 127.54	81 962.95	3.82
2013	3 457.52	93 326.01	3.70
2014	4 834.04	101 548.47	4.76
2015	8 295.14	117 007.11	7.09
2016	18 910.35	123 592.46	15.30

注：自2008年起，股票再筹资中区分定向增发（现金）和定向增发（资产注入），本表2008年以后境内股票融资额不包含定向增发（资产注入）部分。

数据来源：根据中国证监会、中国人民银行数据整理。

附表18

股票市场概况统计表

年份		2010	2011	2012	2013	2014	2015	2016
境内上市公司数（A、B股）（家）		2 063	2 342	2 494	2 489	2 613	2 827	3 052
其中：ST公司数（家）		153	137	96	57	43	52	66
中小板公司数（家）		531	646	701	701	732	776	822
创业板公司数（家）		153	281	355	355	406	492	570
境内上市外资股（B股）（家）		108	108	107	106	104	101	100
其中：ST公司数（家）				12		4	0	4
总发行股本（亿股）		33 184.35	36 095.52	38 395.00	40 569.08	43 610.13	49 997.26	55 820.50
其中：中小板总发行股本		1 366.74	1 943.50	2 410.25	2 818.48	3 470.59	4 853.94	4 465.89
创业板总发行股本		175.06	399.53	600.89	761.56	1 077.26	1 840.45	2 630.61
市价总值（亿元）		265 422.59	214 758.10	230 357.62	239 077.19	372 546.96	531 304.20	508 245.11
其中：中小板市价总值		35 364.61	27 429.32	28 804.03	37 163.74	51 058.20	103 950.47	98 113.97
创业板市价总值		7 365.22	7 433.79	8 731.20	15 091.98	21 850.95	55 916.25	52 254.50
流通市值（亿元）		193 110.41	164 921.30	181 658.26	199 579.54	315 624.31	417 925.40	393 266.27
其中：中小板流通市值		16 150.32	14 343.52	16 244.15	25 543.70	36 017.99	69 737.04	64 088.77
创业板流通市值		2 005.64	2 504.08	3 335.29	8 218.83	13 072.90	32 078.68	30 536.90
成交量（亿股）	合计	42 151.99	33 957.55	32 881.06	48 372.67	73 754.61	171 039.50	94 201.17
	日平均	174.18	139.17	135.31	203.25	301.04	700.98	386.07
	中小板	4 055.35	3 729.74	5 075.85	8 245.92	11 313.54	25 409.94	20 578.14
	创业板	400.53	761.69	1 478.14	3 035.83	4 035.31	9 938.88	9 509.90

续表

年份		2010	2011	2012	2013	2014	2015	2016
成交金额（亿元）	合计	545 633.54	421 649.72	314 667.41	468 728.60	743 912.98	2 550 538.29	1 267 262.64
	日平均	2 254.68	1 728.07	1 294.93	1 969.45	3 036.38	10 453.03	5 193.7
	中小板	85 832.42	69 026.48	61 891.45	100 224.00	152 166.56	497 556.18	344 164.94
	创业板	15 717.88	18 879.15	23 304.64	51 182	78 041	285 353	216 832
平均换手率（%）	上海	197.61	124.80	101.59	123.59	439.50	388.50	220.89
	深圳	557.46	340.49	297.85	389.11	635.81	946.04	539.68
平均市盈率	上海	21.61	13.40	12.30	10.99	15.99	17.63	15.94
	深圳	44.69	23.11	22.01	27.76	34.05	52.75	41.21
	中小板	56.93	28.26	25.42	34.07	41.06	68.06	50.35
	创业板	78.53	37.62	32.01	55.21	64.51	109.01	73.21
上证综合指数	开盘	3 289.75	2 825.33	2 212.00	2 289.51	2 112.13	3 258.63	3 536.59
	最高	3 306.75	3 067.46	2 478.37	2 444.80	3 234.68	5 166.35	3 538.69
	月日	2010–1–11	2011–4–18	2012–2–27	2013–2–18	2014–12–31	2015–6–12	42 373
	最低	2 319.74	2 134.02	1 949.46	1 849.65	1 991.25	2 927.29	2 638.30
	月日	2010–7–2	2011–12–28	2012–12–4	2013–6–25	2014–1–20	2015–8–26	42 396
	收盘	2 808.08	2 199.42	2 269.13	2 115.98	3 234.68	3 539.18	3 103.64
深证综合指数	开盘	1 207.33	1 298.60	871.93	887.36	1 055.88	1 419.44	2 304.48
	最高	1 414.64	1 316.19	1 020.29	1 106.27	1 504.48	3 140.66	2 304.49
	月日	2010–11–11	2011–1–6	2012–3–14	2013–10–22	2014–12–16	2015–6–12	42373
	最低	890.24	828.83	724.97	815.89	1 004.93	1 428.37	1 618.12
	月日	2010–7–2	2011–12–28	2012–12–4	2013–06.25	2014–4–29	2015–1–19	42396
	收盘	1 290.87	866.65	881.17	1 057.67	1 415.19	2 308.91	1 969.11

数据来源：中国证监会、上海证券交易所、深圳证券交易所。

附表19

中国债券发行情况汇总表

单位：亿元

年份	国债			金融债券			公司信用类债券（企业债）		
	发行额	兑付额	期末余额	发行额	兑付额	期末余额	发行额	兑付额	期末余额
1997	2 411.79	1 264.29	5 508.93				255.23	219.81	521.02
1998	3 808.77	2 060.86	7 765.70				147.89	105.25	676.93
1999	4 015.00	1 238.70	10 542.00				158.20	56.50	778.63
2000	4 657.00	2 179.00	13 020.00				83.00		861.63
2001	4 884.00	2 286.00	15 618.00				147.00		
2002	5 934.30	2 216.20	19 336.10				325.00		
2003	6 280.10	2 755.80	22 603.60				358.00		
2004	6 923.90	3 749.90	25 777.60				327.00		
2005	7 042.00	4 045.50	28 774.00				2 046.50	37.00	
2006	8 883.30	6 208.61	31 448.69				3 938.30	1 672.40	
2007	23 139.10	5 846.80	48 741.00				5 181.00	2 880.90	7 683.30
2008	8 558.20	7 531.40	49 767.80				8 723.40	3 277.84	13 250.62
2009	17 927.24	9 745.06	57 949.98				16 599.30	4 309.12	25 540.80
2010	19 778.30	10 043.38	67 684.90				16 094.45	5 099.23	36 318.15
2011	17 100.00	10 959.00	75 832.00	23 491.00	7 683.00	75 748.00	23 548.00	10 326.00	49 095.00
2012	16 154.00	9 464.00	82 522.00	26 202.00	8 588.00	93 362.00	37 365.00	8 750.00	77 710.00
2013	20 230	8 996	95 471	26 310	13 306	105 772	36 784	18 673	93 242
2014	21 747	10 365	107 275	36 552	19 345	125 489	51 516	27 388	116 214
2015	59 408	12 803	154 524	102 095	53 852	184 596	67 205	39 757	144 329
2016	91 086	19 709	225 734	52 421	28 232	173 738	82 242	61 139	175 180

注：1. 金融债券指由金融企业发行的债券，包括国开行金融债、政策性金融债、商业银行普通债、商业银行次级债、商业银行资本混合债、资产支持证券、证券公司债券、证券公司短期融资券、资产管理公司金融债。

2. 因统计制度调整，自2012年起，表中“企业债”替换为“公司信用类债券”，包括非金融企业债务融资工具、企业债券以及公司债、可转债、可分离债、中小企业私募债。

数据来源：中国人民银行。

附表 20

中国保险业发展概况统计表

单位：亿元，%

项目	2010年	同比增长	2011年	同比增长	2012年	同比增长	2013年	同比增长	2014年	同比增长	2015年	同比增长	2016年	同比增长
保费收入	14 527.97	30.44	14 339.25	—	15 487.93	8.01	17 222.24	11.20	20 234.81	17.49	24 282.52	20.00	30 959.10	27.50
1. 财产险	3 895.64	35.46	4 617.82	18.54	5 330.93	15.44	6 212.26	16.53	7 203.38	15.95	7 994.97	10.99	8 724.50	9.12
2. 人身意外伤害	275.35	19.69	334.12	—	386.18	15.58	461.34	19.46	542.57	17.61	635.56	17.14	749.89	17.99
3. 健康险	677.47	18.03	691.72	—	862.76	24.73	1 123.50	30.22	1 587.18	41.27	2 410.47	51.87	4 042.50	67.71
4. 寿险	9 679.51	29.80	8 695.59	—	8 908.06	2.44	9 425.14	5.80	10 901.69	15.67	13 241.52	21.46	17 442.22	31.72
赔款、给付	3 200.43	2.40	3 929.37	22.78	4 716.32	20.03	6 212.90	31.73	7 216.21	16.15	8 674.14	20.20	10 512.89	21.20
1. 财产险	1 756.03	11.44	2 186.93	24.54	2 816.33	28.78	3 439.14	22.11	3 788.21	10.15	4 194.17	10.72	4 726.18	12.68
2. 人身意外伤害	71.39	11.69	81.84	14.64	96.80	18.28	109.51	13.12	128.42	17.27	151.84	18.24	183.01	20.53
3. 健康险	264.02	21.65	359.67	36.23	298.17	(17.10)	411.13	37.88	571.16	38.92	762.97	33.58	1 000.75	31.17
4. 寿险	1 108.99	(12.59)	1 300.93	17.31	1 505.01	15.69	2 253.13	49.71	2 728.43	21.09	3 565.17	30.67	4 602.95	29.11
营业费用	1 538.35	24.66	1 882.38	22.36	2 171.46	15.36	2 459.59	13.27	2 795.79	13.67	3 336.72	19.35	3 895.52	16.75
银行存款	13 909.97	32.23	17 737.17	27.51	23 446.00	32.19	22 640.98	(3.43)	25 233.44	11.45	24 349.67	(3.50)	24 844.21	2.03
投资	32 136.65	19.48	37 736.67	17.43	45 096.58	19.50	54 232.43	20.26	66 997.41	23.54	87 445.81	30.52	109 066.46	24.72
其中：国债	4 815.78	18.80	4 742.40	(1.52)	4 795.02	1.11	4 776.73	(0.38)	5 009.88	4.88	5 831.12	16.39	7 796.24	33.70
证券投资基金	2 620.73	(5.00)	2 915.86	11.26	3 625.58	24.34	3 575.52	(1.38)	4 714.28	31.85	8 856.50	87.87	8 554.46	–3.41
资产总额	50 481.61	24.23	60 138.10	19.13	73 545.73	22.29	82 886.95	12.70	101 591.47	22.57	123 597.76	21.66	151 169.16	22.31

注：1. 自2011年起，保险业根据财政部《企业会计准则解释第2号》调整了保险收入确认原则，按照新口径统计保费收入，故2011年保费收入不能与往年进行比较。

2. 保费收入、赔款给付、营业费用为年度数据。

3. 银行存款、投资、资产总额为年底数据。

数据来源：根据中国保监会网站提供数据整理。

附表 21　　2012—2016年全国非寿险保费收入构成

单位：亿元，%

险 种	2012	占比	2013	占比	2014	占比	2015	占比	2016	占比
车险	4 005.17	72.43	4 720.79	72.84	5 515.93	73.11	6 198.96	73.59	6 834.55	73.76
企财险	360.36	6.52	378.80	5.84	387.35	5.13	386.16	4.58	381.54	4.12
货运险	101.71	1.84	102.94	1.59	95.44	1.27	88.16	1.05	85.46	0.92
意外险	126.54	2.29	150.93	2.33	171.93	2.28	199.95	2.37	247.69	2.67
责任险	183.77	3.32	216.63	3.34	253.30	3.36	301.85	3.58	362.35	3.91
其他	752.33	13.60	911.07	14.06	1 120.45	14.85	1 248.18	14.82	1 354.60	14.62
合计	5 529.88	100.00	6 481.16	100.00	7 544.40	100.00	8 423.26	100.00	9 266.17	100.00

数据来源：中国保监会。

附表22　　2012—2016年全国寿险保费收入构成

单位：亿元，%

险种	2012	占比	2013	占比	2014	占比	2015	占比	2016	占比
人寿保险	8 907.90	89.46	9 424.99	87.75	10 901.57	85.90	13 241.40	83.49	17 442.09	80.40
其中：普通保险	969.65	9.74	1 200.27	11.17	4 296.49	33.86	6 728.14	42.42	10 451.65	48.18
分红保险	7 854.29	78.88	8 132.81	75.72	6 508.75	51.29	6 413.19	40.44	6 879.77	31.71
投资连结保险	4.35	0.04	4.42	0.04	4.42	0.03	4.18	0.03	3.85	0.02
意外伤害保险	259.64	2.61	310.41	2.89	370.63	2.92	435.61	2.75	502.20	2.32
健康保险	790.35	7.94	1 005.52	9.36	1 418.09	11.17	2 182.13	13.76	3 748.51	17.28
合计	9 957.89	100.00	10 740.93	100.00	12 690.28	100.00	15 859.13	100.00	21 692.81	100.00

数据来源：中国保监会。

附表23　　2016年全国各地区保费收入情况表

单位：亿元

地　区	原保险保费收入	财产保险	寿　险	意外险	健康险
全国合计	30 959.10	8 724.50	17 442.22	749.89	4 042.50
广　东	2 986.06	708.13	1 612.01	77.52	588.40
江　苏	2 690.25	733.43	1 506.96	61.32	388.53
山　东	1 966.29	520.33	1 157.01	37.64	251.32
北　京	1 838.96	369.25	1 101.62	44.91	323.18
四　川	1 712.08	457.21	991.30	37.81	225.75
河　南	1 555.15	372.95	1 003.37	27.73	151.10
上　海	1 529.26	371.15	913.25	53.09	191.77
浙　江	1 527.32	569.35	713.95	45.87	198.16
河　北	1 495.27	442.13	888.04	25.62	139.47
湖　北	1 051.77	263.22	630.01	30.13	128.41
湖　南	886.46	273.05	495.76	22.26	95.39
安　徽	876.10	312.79	440.36	16.66	106.28
辽　宁	838.36	221.76	499.79	13.02	103.78
深　圳	834.45	237.40	426.10	35.50	135.45
福　建	755.00	211.13	410.67	20.22	112.98
陕　西	714.74	191.38	440.02	15.25	68.08
山　西	700.55	174.15	455.33	11.17	59.90
黑龙江	685.52	148.90	413.60	12.32	110.71
江　西	608.71	183.65	347.96	11.82	65.28
重　庆	601.61	165.23	335.25	17.65	83.48
吉　林	557.12	133.23	370.61	7.46	45.81
天　津	529.49	127.56	349.56	7.67	44.70
云　南	529.37	224.43	218.63	18.51	67.80
内蒙古	486.87	162.73	263.00	9.29	51.85
广　西	469.17	165.71	238.59	16.96	47.91
新　疆	439.90	153.38	214.75	14.18	57.59
青　岛	335.90	105.96	178.13	6.67	45.13
贵　州	321.28	153.15	128.79	11.50	27.84
甘　肃	307.66	100.61	167.90	10.10	29.04
大　连	277.32	73.06	175.41	5.11	23.75
宁　波	257.56	127.22	108.74	6.29	15.31
厦　门	162.60	63.17	76.52	5.46	17.43
宁　夏	133.90	46.09	68.23	3.52	16.06
海　南	133.21	47.60	68.18	3.44	13.99
青　海	68.73	29.64	28.84	2.03	8.21
西　藏	22.25	13.90	3.84	2.31	2.20
集团、总公司本级	72.91	70.47	0.13	1.88	0.44

注：集团、总公司本级是指集团、总公司开展的业务，不计入任何地区。

资料来源：中国保监会。

附表24

支付系统业务量统计表

单位：万笔，亿元

项目/年度	2012		2013		2014		2015		2016	
	笔数	金额	笔数	金额	笔数	金额	笔数	金额	笔数	金额
大额支付系统	47 035.96	17 719 972.13	59 548.66	20 607 617.10	71 256.49	23 468 933.87	78 883.86	29 520 565.22	82 566.97	36 162 984.12
小额支付系统	75 393.50	185 477.54	104 027.48	203 154.11	143 580.15	220 751.23	183 526.95	249 402.68	234 830.13	309 131.24
网上支付跨行清算系统	26 580.35	35 630.14	71 784.34	94 684.65	163 914.52	177 893.21	296 555.07	277 563.81	445 314.80	374 610.10
同城票据清算系统	39 135.21	665 182.46	41 871.79	682 892.87	38 381.54	632 193.30	39 515.72	1 243 363.80	37 246.57	1 308 049.55
境内外币支付系统	111.05	33 614.79	139.44	44 294.86	191.13	52 809.80	207.88	57 002.02	198.58	54 732.23
银行业金融机构行内支付系统	895 492.15	6 245 593.61	1 075 915.50	7 452 224.44	1 431 813.80	8 962 797.55	1 970 775.51	11 940 122.11	2 583 027.85	12 154 693.66
银行卡跨行交易清算系统	1 248 897.88	217 631.82	1 513 946.08	322 972.28	1 867 366.07	411 097.10	2 066 757.44	492 752.74	2 376 180.09	670 694.00

数据来源：中国人民银行。

责任编辑：董　飞
责任校对：孙　蕊
责任印制：裴　刚

图书在版编目（CIP）数据

中国金融稳定报告（Zhongguo Jinrong Wending Baogao）2017/中国人民银行金融稳定分析小组编．—北京：中国金融出版社，2017．7
ISBN 978－7－5049－9074－7

Ⅰ．①中…　Ⅱ．①中…　Ⅲ．①金融市场—研究报告—中国—2017　Ⅳ．①F832．5

中国版本图书馆CIP数据核字（2017）第149213号

出版
发行　中国金融出版社
社址　北京市丰台区益泽路2号
市场开发部　（010）63266347，63805472，63439533（传真）
网上书店　http：//www.chinafph.com
（010）63286832，63365686（传真）
读者服务部　（010）66070833，62568380
邮编　100071
经销　新华书店
印刷　北京市松源印刷有限公司
尺寸　210毫米×285毫米
印张　10.25
字数　202千
版次　2017年7月第1版
印次　2017年7月第1次印刷
定价　228.00元
ISBN 978－7－5049－9074－7